U0136036

中國上古史研究 4

殷商史簡論

王仲孚 著

天命玄鳥降而生商

蘭臺出版社

目 次

自序

　　我國夏商周三代，在政治上，後一代取代了前一代，但在文化上，卻是一脈相承的關係。《論語·爲政第二》載孔子之言曰：「殷因於夏禮，所損益，可知也；周因於殷禮，所損益，可知也。其或繼周者，雖百世可知也。」殷商在三代之中，實居於承先啓後的關係。

　　西漢時代，司馬遷在所著《史記·殷本紀》裡，不僅把商族興亡過程的歷史，作了有系統的記錄，而且保留下了商王朝的帝王譜系，從成湯建國以前的「先公先王」十四代十四王，到成湯滅夏建國以後至紂之亡的十七代三十王（或作三十一王）。除了少數幾個錯字之外，大體上完整地保留下來。

　　司馬遷在《史記·殷本紀》裡紀錄的殷商帝王的譜系，在清末發現甲骨文之後，得到了充分的證明。二十世紀初興起的「古史辨運動」否定了文獻記載的傳說古史，但由於甲骨文的發現；讓「疑古派」不得不承認商代是信史。王國維〈古史新証〉提出了研究古史的「二重証據法」，把史料分爲「紙上史料」與「地下史料」兩大類，其實王氏所稱的「地下史料」僅指「甲骨文」、「金文」而已，與今日考古發現的「地下史料」有所不同。

　　甲骨文的發現，是由一些偶然的因素造成的，發現的經過有不同的傳說，茲附上李先登先生的考証作爲參考。

　　商湯滅夏，係以亳都為起點，亳都在殷革夏命的過程中，居於重要地位，但《史記‧殷本紀》並未記載亳都的地望，後人的考據眾說紛紜，迄無定論。以現代學者的研究而言，約有四種主張：王國維的山東「曹縣說」、董作賓的安徽「亳縣說」、鄒衡的「鄭州商城說」以及社科院的偃師商城「西亳說」，這些說法也都沒有定論，對於殷商史的教學增加了許多困難。

　　我國已故第一代考古界大老中央研究院院士高去尋先生，生前十分關心此事，曾撰寫〈商湯都亳的探討〉一文，很值得一讀，因該文並未在學報發表，流傳較少，曾蒙惠贈一份，特借此機會予以轉載。回憶 1989 年我到台北中央研究院歷史語言研究所訪問時，經常向高去尋先生請益，高先生學識淵博、平易近人，愛護後輩，訪問期間獲益良多，謹誌此以示感念不忘。

　　殷商是一個歷史悠久的文化「大邦」，何以牧野一戰，竟亡於「小邦周」，是一件值得探討的問題，我把相關的兩篇小文彙集於此。關於牧野之戰紂軍「七十萬」，以前學術界曾有過一些討論，但並未提出答案。其實此一問題應很容易瞭解，請讀拙文〈牧野之戰紂軍「七十萬」試釋〉應可瞭解它的意義。

　　在台灣地區發表的上古史論文，大多缺少自己繪製的地圖佐助，許多知名之士也不例外，這是值得重視的問題，在此提供拙文二篇以供參考討論。

　　殷商雖然已屬信史，但是還有許多問題尚未解決，為了紀念

甲骨學大師胡厚宣先生特撰寫〈殷商史尚待解決的一些問題〉一文。胡先生原爲中央研究院歷史語言研究所研究員，1949 年兩岸隔閡留在大陸，改革開放後曾由公子胡振宇先生陪同來台灣訪問，是一位值得尊敬與懷念的前輩學者。

殷商史研究的領域，浩瀚如同汪洋大海，我這幾篇小文，可說是微不足道，拜印刷術發達之賜，特予集成小冊。

另把台北市立大學史地系主任秦照芬學棣編輯之〈甲骨文發現百年大事紀要〉與中國文化大學史學研究所博士生趙廣傑學棣編輯之〈最近二十年臺灣地區有關殷商史的博碩士論文〉二文列爲附錄，博雅君子不吝指正。大陸學者近年的著述，因限於編幅暫不收入。

本書文稿在彙集編訂期間，承蒙文大史學所博士班趙廣傑學棣、文大史學系四年級莊茹庭學棣費心整理校訂，倍極辛苦，在此謹誌感謝。

王仲孚

誌于 2014 年 10 月

一、甲骨文與殷商史[1]

在現代學者的歷史著作中，大都以殷商時代為我國信史的開始，這是由於甲骨文的發現和殷墟遺地發掘成功，印證了古代文獻記載的殷商歷史是可信的。其中甲骨文對於殷商史的研究，貢獻尤大。王國維先生曾經指出，甲骨文的出土，是近代中國學術上的重大發現之一。

甲骨文發現於清光緒二十五年（一八九九），到今年恰好九十周年。現在就把甲骨文發現和研究的經過，做個簡要回顧，並略述一些與殷商史有關的問題。

清末，河南省安陽縣小屯村附近農田中，時常有龜甲獸骨出土，村民稱之為「龍骨」，所以有字者常被刮去，或丟在枯井中。

光緒二十五年，國子祭酒王懿榮患瘧疾，在北京達仁堂中藥店購買藥材，發現其中的龜上有契刻文字，知為有價值之古物，便先後向山東古董商范維卿、趙執齋等人收購，先後得一千餘片。王氏見龜板上的契文，刻著商代帝王之名，且文字奇古，推測必為殷商遺物。王懿榮可以說是第一個發現及收藏甲骨文之人。一書的作者。劉鶚繼續蒐購，連同以前所購，共得約五千餘片。光緒二十九年（一九○三），劉

1　本文原為「紀念甲骨文發現九十周年」而作，並刊於《國語日報》史地版，民國七十八年（1989）九月十三日。

鶚自所藏甲骨中，選出一千零五十八片，拓印爲《鐵雲藏龜》六冊，這是甲骨文的著錄之始。

《鐵雲藏龜》的印行，使甲骨文成爲學術研究的資料，受到中外學者廣泛的注意。第二年（一九〇四），孫詒讓著《契文舉例》，可以正確解釋甲骨文字約一百八十字。這是研究甲骨文字的「開創第一人」。

甲骨文發現後，外籍人士也加以蒐購研究。光緒二十九年（一九〇三），美國長者會駐山東濰縣傳教士查爾凡（F.H. Chalfant，又譯方法斂一八六二~一九一四）也買到甲骨幾百片，後來又與其他傳教士合購了許多，於光緒三十二年（一九〇六）著《中國原始文字考》，他是歐美人士研究甲骨文字的第一人。宣統元年（一九〇九）日本學者林泰輔也購甲骨文，並著《清國湯陰縣發現之龜甲獸骨》一文，這是日本學者研究甲骨文字之始（林氏受了古董商之欺，當時不知道甲骨文真正出土的地點）。此外，長老會駐安陽牧師加拿大人明義士（J.M. Mengies，一八八五~一九五七），收藏甲骨五萬餘片，民國六年（一九一七）編印《殷墟卜辭》一書。

早期研究甲骨文，著重於文字的考釋，其中羅振玉的貢獻頗大。羅氏於光緒二十八年（一九〇二）曾經在劉鶚家裡看到甲骨拓本，嘆爲漢代以來小學家若張（敞）、杜（林）、揚（雄）、許（慎）諸儒所不得見者，已經認識到甲骨的價值，後來知道發現的地點爲河南安陽小屯村，又在甲骨刻辭上見到殷商帝王的名諡十餘個，「乃恍然悟此卜辭實爲殷室

之遺物」，認爲「可證史家之違失，考小學之源流，求古代之卜法」。宣統二年（一九一○），羅氏著《殷商貞卜文字考》，繼又派人到安陽收購，得萬餘片。

自宣統元年至三年（一九○九～一九一一），羅振玉曾三次派人到安陽去蒐求甲骨及器物，宣統三年，歲次辛亥，革命軍起，羅氏攜甲骨赴日本。民國二年（一九一三），從所藏兩萬片甲骨中選印兩千多片，出版《殷虛書契考釋》，解釋四百八十五字，民國十六年出版《增訂殷虛書契考釋》，解釋五百七十字，在早期收集及考釋甲骨文字的學者中，羅振玉是頗有貢獻的一位。

董作賓主編《殷虛文字甲編》，收錄三千九百四十二片，民國三十七年商務印書館影印；董氏又主編《殷虛文字乙編》，分上中下三輯，上中輯收錄六千二百七十二片，分別在民國三十七年（一九四八）、三十八年於中央研究所歷史語言研究所出版，下輯收錄兩千八百三十三片，民國四十二年中央研究所歷史語言研究所出版。大陸方面，郭沫若主編、胡厚宣總編輯《甲骨文合集》十三冊，共收錄甲骨五萬片，民國六十八年（一九七九）由中華書局分冊出版。至於考釋文字的專書，李孝定所著《甲骨文字集釋》，實爲集大成之作。該書正文十四卷，補遺、存疑各一卷，附有索引，檢閱稱便，其體例爲「每字之下，首列該字各種異體，次舉各家異說，並詳註出處、書名、卷葉以供檢覈，然後別出按語，定以己意」，「學者欲究某字何以釋某，初釋其字者何人，

至何人而成定讞」，則查閱此書可到清晰的脈絡各正確的認識。此書自民國五十四年（一九六五）付印以來，曾多次再版，爲中央研究院歷史語言研究所專刊之一。

以甲骨文字爲主要材料，綜論殷商時代的歷史文化的著作，則陳夢家《殷虛卜辭綜述》一書，最爲詳備。此書於民國四十五年初版，民國六十年臺北大通書局影印。

甲骨文不僅可以考察我國文字的源流，糾正古代文獻的失誤，更可用以證古代史事。而最先以甲骨證史的，首推清末民初的王國維。

西漢時代，司馬遷《史記》，其記載殷商民族起源及興亡的一篇，稱爲〈殷本記〉。依照〈殷本記〉的記載，商族自帝嚳至成湯，共經過十四世十四王，其世系爲：

　　帝嚳→契→昭明→相土→昌若→曹圉→冥→振→微→報丁
　　→報乙→報丙→主壬→主癸→成湯。

自成湯至帝辛（紂王），共計十七世三十王，一般歷史教科書裡，都會列表，茲不再舉。

司馬遷在〈殷本紀〉裡列舉的殷王名稱、世系是否可信？尤其成湯建國以前的十四世十四王，如果沒有甲骨文出土，根本就無法證明他們是歷史人物還是神話人物。

民國六年（一九一七），王國維著〈殷卜辭中所見先公先王考〉、〈續考〉，認爲《史記‧殷本紀》裡的「嚳」即甲骨文的「夒」，「相土」即「土」，「振」即「核」、「該」、「亥」

字之偽，就是甲骨文裡的「王亥」，「冥」即甲骨文裡的「季」，「微」即甲骨文裡的「上甲」，在古書裡也稱「上甲微」。報丁→報乙→報丙的次序，應為報乙→報丙→報丁。「主壬」、「主癸」，在甲骨文裡，應是「示壬」、「示癸」。王國維還發現「王恒」也是殷商的先公之一，「王恒」之名雖不見〈殷本紀〉，卻見他書，且可和甲骨文互證。此外，見於甲骨文而確知為殷的祖先的，還有「王矢」，不過他在先公世次裡，居於怎樣的位置，還無法確知。

以甲骨文資料和〈殷本紀〉對照，「嚳」是不是「夒」？甲骨文裡的「土」是否就是「相土」？是一般的社神還是先公先王之一？學者之間還有許多不同的意見，但從王亥、上甲微以下，則是百分之百的確鑿，毫無異議。在上甲以下、成湯以上的六世，《史記‧殷本紀》的世次和文字都有所錯誤，應根據甲骨文的資料改正如下：

上甲→報乙→報丙→報丁→示壬→示癸。

由於以上六世，在卜辭裡記載的祀典十分清楚，甲骨學者稱之為「上甲六祀」。有人認為商朝的信史應始於上甲，而不是成湯。

甲骨文的資料顯示，殷人有系統的祭祀先公先王，是從上甲開始的，對於上甲的祭祀特別隆重。殷人為甚麼對於上甲的祭祀特別隆重呢？王國維根據《山海經》、《竹書紀年》、《楚辭》、《史記‧殷本紀》等書加以研究，揭開一件千古歷

史之謎。原來上甲的父親王亥，曾經游牧於河北的「有易國」，被有易之君綿臣所殺，王亥之子上甲微起兵殺了綿臣，爲父報仇，中興商族，所以上甲微在後世殷人的祀典中，特別受到尊崇。這一個千古之謎的解開，是甲骨文資料和文獻資料對照研究的結果，也是王國維在學術上的偉大貢獻。如果不是甲骨文的發現，這一段歷史的真相勢將無法大白於世。

成湯以後的歷史，甲骨文可以修正〈殷本紀〉的錯誤者，也有多處。例如在殷王名號方面，〈殷本紀〉稱成湯爲「天乙」，甲骨文作「大乙」，外丙作「卜丙」，中壬作「南壬」，太甲作「大甲」，太庚作「大庚」，雍己作「呂己」，仲丁作「中丁」，外壬作「卜壬」，河亶甲作「戔甲」，沃甲作「羌甲」，陽甲作「象甲」，廩辛作「祖辛」或「三祖辛」，庚丁作「康丁」，太丁作「文武丁」。

在殷王世系方面，大乙（成湯）的太子太丁；武丁（第二十二王，即殷高宗）的太子祖己，雖未立而崩，但在祭祀上與王同。〈殷本紀〉稱：「湯崩，太子太丁未立而卒，於是迺立太丁之弟外丙，是爲帝外丙。」外丙崩，立外丙之弟中壬，中壬在位四年而崩，「伊尹迺立太丁之子太甲。太甲，成湯嫡長孫也，是爲帝太甲。」〈殷本紀〉記太甲之後的商代世系是：

沃丁（子）→太庚（弟）→雍己（弟）→太戊（弟）→中
丁（子）→外壬（弟）→河亶甲（弟）→祖乙（子）……。

但是，依照甲骨文的資料，外丙即位於太甲之後，雍己即位
於太戊之前，祖乙不是河亶甲之子而是中丁之子。〈殷本紀〉
錯誤，有些可能是出於錯簡，有些可能是太史公的錯誤。

　　當然，甲骨文對於殷商史的研究，並不限於商王世系的
考訂。諸如社會經濟、宗教信仰、文字淵源以及史事考證，
甲骨文都提供了寶貴的直接史料，豐富了殷商史研究的內
容。例如《易經》、《竹書紀年》、《後漢書・西羌傳》都有記
載：「高宗伐鬼方，三年克之。」董作賓根據甲骨文資料研
究，斷定殷高宗就是武丁，鬼方就是甲骨文的「𠱠方」，（𠱠
方是不是鬼方，學者之間有意見），武丁伐𠱠方的戰爭，如
戰爭的起迄時間，祭告祖先的次數，徵兵數目，戰後的安撫，
以及使用的兵器、運輸工具等，甲骨文都有詳細記載，不僅
印證了文獻裡的史事為可信，而且提供了前人所不知道的資
料。又如《左傳・昭公四年》記載：「商紂為黎之蒐，東夷
叛之」，昭公十一年載：「紂克東夷而隕其身」。甲骨文資料
證明確有紂（帝辛）伐東夷（征人方）之事，而且甲骨學者
還根據甲骨資料排列出詳細的征伐歷程和往返的時日，這些
都是以甲骨文配合文獻研究而獲致的成果。

　　再如從農作物的種類如黍、稷、禾、麥；卜辭「求年」
（卜問收成）、「求雨」等記載；農具如耒、耜等字形；祭祀

時用「鬯」（用黑黍釀造的酒）等，可以推測殷商農業進步的情形。又從家畜名稱馬牛羊雞犬豕「六畜」具備，及祭祀時一次用牲數目有牛三百頭、羊百頭的記錄來看，推測當時的畜牧業應該也很發達，諸如這些瞭解，沒有甲骨文的資料是辦不到的。

我國歷史悠久，文化源遠流長，以殷商時代而言，除了豐富的文獻記載和考古發掘的遺物之外，甲骨文給予我們最好的直接史料。九十年來甲骨文研究的成果豐碩，無數學者奉獻心力，孜孜矻矻的研究精神，令人敬佩。

甲骨文四堂

甲骨文「四堂」係指早期研究甲骨文著有成就的四位大師，他們的字號都有一個「堂」字：

羅振玉先生字雪堂（1866-1940）

王國維先生字觀堂（1877-1927）

董作賓先生字彥堂（1895-1963）

郭沫若先生字鼎堂（1892-1978）

其中董彥堂先生一九四九年來台，任職於台北中央研究院歷史語言研究所。一九六三（民國五十二年）逝於台灣，其餘「三堂」皆在大陸。

附：甲骨文之父 ── 王懿榮[1]

　　甲骨文是刻（或寫）在龜甲和獸骨上的一種古文字。當這些龜甲和獸骨（主要是牛骨，也還有鹿頭骨、虎骨，甚至還有人骨）上的文字未被識出以前，它只是被當作不值錢的藥材，出現在藥店。當這些古文字被確認之後，立即轟動了國內外。王懿榮（一八四五～一九〇〇）就是我國第一個鑑定甲骨文的人。

　　據傳說，在光緒二十五年（一八九九）的秋天，王懿榮得了病，經醫生診治後，開了一張處方，上面有一味中藥就是「龍骨」。王懿榮派人到宣武門外菜市口一家老中藥店達仁堂按方購藥。藥買回來之後，王懿榮親自打開藥包驗看，忽然發現「龍骨」上刻有一種類似篆文而又不識的刻痕，憑金石學家對古物鑑定的敏銳，他意識到可能是一種很古早的古文字，是早於自己所研究的古器上的文字。這引起了他極大的興趣，於是又派人將達仁堂中帶有文字的「龍骨」購買回來，加以辨識研究，同時注意在京師收購。不久濰縣的骨董商范維卿又攜來這種刻有文字的甲骨 12 片，進京拜見王懿榮。王懿榮視若珍寶一般，收購下來。此後，又有另一位骨董商趙執齋也攜甲骨數片來京，被王懿榮認購。這樣在不長的時間裡，王懿榮就收購了甲骨約 1500 多片。甲骨的價格也越來越高，最後賣到二兩銀子一個字。

---

[1]　採自呂偉達主編：《甲骨文之父─王懿榮》山東畫報出版社，1995 年，頁 142-147。

　　王懿榮因病購藥而得到甲骨文，這種說法不知是否可信？因為像「龍骨」這樣的中藥，是要被搗碎煎服的，因而出藥店前就已化為碎粉了，如何能辨識其上有字？不過王懿榮確曾說過甲骨與藥店有關的話：「言河南湯陰、安陽居民掃地得之。輦載衒粥，取價至廉，以其無用，鮮過問者，惟藥肆買之云云。」可惜沒說明是否是自己曾因病而去藥肆買之。

　　王懿榮的兒子王崇煥在所撰其父的《清王文敏公懿榮年譜》中，是這樣記載的：

> 河南彰德府安陽縣小商屯地方，發現殷代卜骨龜甲甚多。上有文字，估人攜至京師，公審定為殷商古物，購得數千片。是為吾國研究殷墟甲骨文開創之始。事在是年秋。

這段記載並沒有什麼因病買藥之事。只是說甲骨是從商人手中購得的。雖然當時王崇煥只有 8 歲，也該記事了。不過是否因病而得甲骨並不重要，重要的是甲骨上的古文字的被發現。

　　王崇煥在《年譜》中所說的小商屯，應該是安陽的小屯村。河南安陽小屯村是商王盤庚從奄（今山東曲埠）遷都以後的京城。其後經歷了 273 年後被周朝所滅。此後漸漸荒蕪，一個顯赫一時的古都從此煙滅了，成為廢墟。這就是司馬遷在《史記•項羽本記》中稱之為「殷墟」的地方。

　　農民們在這塊風沙瀰漫的黃土地上耕作，經常從地下翻出刻有文字的甲骨，但卻不知是何物，就把他們當成碎石瓦礫一樣，扔到河邊或用來填坑。據《甲骨瑣語》記載，把這種甲骨

當作藥材送進藥鋪的，是一位叫李成的剃頭匠。小屯村的剃頭匠李成，染了一身膿瘡，膿水流淌，連馬褂也無法穿。他又無錢尋醫買藥。於是在無可奈何中把那些扔在河邊的甲骨碾成粉末，塗在身上的膿瘡上，想不到奇蹟竟然出現了，瘡面的濃水被這些骨粉給吸乾了。既然骨粉有吸濃的功效何不再大膽地進一步試驗呢？於是他用刀片劃破自己的手，把骨粉敷到流血的傷口上，血止住了。更為奇特的是把一根細草，用唾液沾渾後，橫放在甲骨上，這草卻轉成了豎的方向。原來這些全部都是因為埋在地下幾千年的古骨，有吸渾的功能所致。

　　甲骨有這般特異功能的消息，很快傳遍了小屯村。村上的一些老人說，這可能是神仙顯靈，而讀了幾年書的人，則說它是「龍骨」。

　　李成身上的膿瘡治癒之後，他就不再幹剃頭這一行了。而是去河灘等地，把別人扔掉的龍骨收集起來，拿到中藥鋪去賣。起初藥鋪不知何物也不敢收。李成就當場表演了止血的試驗，藥鋪掌櫃則以六文錢一斤收購，「龍骨」開始走進了中藥鋪。小屯村的村民也開始以他換錢了。

　　這樣的事情，很快就傳到四鄰，周圍的村民也紛紛前來挖掘。這個消息又傳到了古董商的耳朵裡，他們則聯想從地下挖掘的東西，會不會與出土的文物有關，不妨也弄幾片看看，反正六文錢一斤，也不貴。這樣甲骨文又到了古董商的手裡。

　　然而，平民百姓能使甲骨重新出現在人間，走進中藥鋪，卻不能使甲骨重現它自身的寶貴價值。這個任務得由專家、學者來完成。王懿榮就是第一個揭開甲骨之謎的學者。

　　王懿榮在《尙書・多士》篇中就讀到「惟殷先人，有典有冊。」但是在春秋末期，孔子在談到古代的禮制時，就發出了「殷禮不足徵」。文獻不足的感嘆。那麼殷代的典冊是什麼樣？他們都到哪裡去了？

　　王懿榮帶著這樣的疑問，對所蒐集到的甲骨進行研究。很快就確定了甲骨上所刻的確實是文字，而且是早於篆籀之前的文字，是商代用來占卜的卜骨，是商代的檔案，也就是殷先人的典冊。

　　甲骨文的被確認，震驚了國內外學術。它不僅使中國的歷史學、古文字學的研究進入一個新的領域，而且在考古學、古代科學技術的研究上，都有著重大的意義。王懿榮不僅是確認甲骨文，並定它爲商代文字的第一人，也是大量收集、珍藏甲骨文的第一人。他開創了我國甲骨文研究的歷史。

　　可是就在發現甲骨文的第二年，八國聯軍攻入北京，王懿榮爲國殉難。他還沒來得及對甲骨文進行深入的研究和詮釋，就和他剛開始接觸的新事業訣別了。

　　王懿榮身後的甲骨文大部份轉入了劉鶚之手。劉鶚（約一八五七——一九○九），字鐵雲，江蘇丹徒人。曾以所著《老殘遊記》而聞名於世。劉鶚精算學、水利，又懂醫藥，曾在上海行醫。後離醫經商，但盡蝕其本，乃投效於金石學家吳大澂門下。

　　光緒十四年（一八八八）黃河在鄭州決口。劉鶚以治河有功，而聲譽大起。在王懿榮發現甲骨文的時候，他正在北京侯補知府。因爲他是吳大澂的學生，也涉獵於金石學，所以與王懿榮的關係也極爲密切，成爲至交密友。王懿榮殉難後，他極爲悲傷。當時王家爲了還債，就把王懿榮生前收藏的甲骨文，大部份轉讓給了劉鶚。

　　劉鶚自己也大量收集甲骨文。一是委託一位商人奔走在昔日的「齊魯、趙魏之鄉」，用了約一年的時間，收集到約三千片。另外他又派自己的兒子到河南去收購甲骨，前後收集了近五千片。

　　一九○三年，劉鶚將自己收集到的甲骨進行整理分類，拓印了一○五八片，分成 6 冊，由「抱殘守缺齋」石印，出版我國第一部甲骨文的書籍《鐵雲藏龜》。此書雖然印刷不夠精細，拓本也有些漫漶不清，但他畢竟爲我國的甲骨文研究，提供了第一部書面資料。在甲骨文研究史上佔有一定的地位。

　　《鐵雲藏龜》的出版與羅振玉也有些關係。一九○一年，羅振玉在劉鶚處見到他從王懿榮手中得到的甲骨之後，不僅極力慫恿他將所藏甲骨文拓印出版，而且還親自爲其所藏甲骨文進行墨拓。在《鐵雲藏龜》出版的時候，還爲書寫了序言。此後羅振玉也大量收集甲骨。

　　在甲骨收集的最初過程中，無論是王懿榮、劉鶚，還是羅振玉及其他收集人，其中也有外國人，他們都沒得到甲骨出土的確切地點所在。王懿榮說河南湯陰、安陽，不甚具體。劉鶚

認爲甲骨文出土於「河南湯陰縣屬之牖里城」；羅振玉則說：「光緒己亥予聞河南之湯陰發現古龜甲獸骨」。當時許多人都認爲甲骨出土於湯陰。羅振玉還相信過甲骨出土於河南衛輝縣（今河南汲縣）。

學者們之所以相信甲骨出土湯陰或衛輝等地，原來是上了古董商們謊言的當。因爲那些古董商看到甲骨的身價與日俱增，他們爲了自己壟斷，奪取暴利，防止別人染指甲骨的販賣，故意把甲骨的真正地址隱瞞起來，而指東道西。

在許多人還不知道甲骨文真實的出土地點之前，只有王懿榮確認甲骨文是殷商之物。而其他人對甲骨文所處的時代的認識，還有不同的意見。羅振玉在一九〇三年還認爲甲骨文是「夏殷之龜」，把甲骨文的時代，確定爲夏、商兩代。而第一部研究甲骨文著作《契文舉例》的作者，著名的學者孫詒讓，一九〇四年說甲骨應在「周以前」，這種說法就更籠統了，究竟是周以前的哪個時代，則沒準確指出。

羅振玉經過多年的留意探尋，直到光緒三十四年（戊申一九〇八）才知道甲骨出土地是在安陽的小屯村。羅振玉在《殷墟古器物圖錄》序言中講道：「光緒戊申予既訪知貞卜文字出土之地爲洹濱之小屯。」

隨著甲骨文出土地點的被確認，以及甲骨文研究的深入，對甲骨文所在的時代的認識，也越來越清楚了。羅振玉也不再認爲甲骨是「夏殷之龜」了，而確認爲是商代之物。他在《殷商貞卜文字考》中講：「于刻辭中得殷王名諡十餘，乃恍然悟此

卜辭者，實爲殷室王朝之遺物。」1914 年他編印出版的甲骨文集，就命名爲《殷墟書契》。

　　這一切都證明了王懿榮最初對甲骨文的鑑定是正確的。王懿榮輝煌結論的得出，絕不是偶然的，是他高深的金石學、古文字學的造詣及其豐富的歷史知識所得出的碩果。只可惜他與甲骨文分手過早。

　　王懿榮發現了甲骨文，在文化學術界引起了連鎖反應。很多人對於甲骨文的研究，延及到對歷史的研究，揭開了殷商歷史的秘密。如郭沫若在稱讚王國維把甲骨文用於研究商代歷史而作出的貢獻時說：「抉發了三千年來所久被埋沒的秘密。」(《十批判書》)而且影響所及，使當時的史學界的疑古風氣，爲之一變。一些學者由原來的懷疑古史，而轉變成爲建設古史。這一切成績的獲得，都是源之於甲骨文的發現、源之於王懿榮翻開的「甲骨學」珍貴的第一頁，源之於他在甲骨文研究史上寫下的光輝的第一筆。

附：關於甲骨文最初發現情況之辨正

李先登

河南安陽以小屯村爲中心的地區，自秦漢以來被稱爲「殷墟」，是商代後期「盤庚遷殷」以後的都城之所在。自清代末年以來，這裡出土了十餘萬片龜甲和牛骨等，上面刻有商代後期占卜等的文字，即甲骨文。甲骨文是目前已發現的我國時代最早的、較爲成熟、較爲完整的文字。除了象形字以外，有大量的形聲字和會意字，其單字已達五千以上，目前已認識的約有兩千字。甲骨文的內容相當廣泛，包括祭祀、征伐、生產、天文乃至生育、疾病等等，是研究商代歷史的可靠的第一手資料，受到了學術界的廣泛重視。幾十年來，國內外專門研究甲骨文的學者很多，今日甲骨文的研究已成爲一項專門的學科－甲骨學。

關於甲骨文最初發現的情況，目前一般認爲是清末光緒二十五年（一八九九）在北京的王懿榮因爲生病，從北京宣武門外菜市口達仁堂中藥店抓回一劑中藥，藥中有一味是「龍骨」，王懿榮在看到這劑中藥時，發現龍骨上面刻有篆字，感到十分驚奇。於是他出高價把藥店的龍骨全部買了回來，並認出這是商代的甲骨文。

但是，據調查，這個說法並不見於王懿榮的著述，最初僅僅是民間的一個傳說，可能與王懿榮曾以每字二兩銀子的高價

大力搜求甲骨文有關。這個說法最早見於文字記載的是汐翁寫的〈龜甲文〉一文，發表於 1931 年《華北日報‧華北畫刊》第89 期上，所述情節與上述傳說稍有不同。該文說：王懿榮抓藥回來，劉鐵雲從藥裡發現了甲骨文，而後告訴了王懿榮。但是，汐翁是誰，今天已不清楚，他的說法根據是什麼，我們也無從瞭解。

關於王懿榮的情況，據《清史稿》列傳 255 等記載，王懿榮，字正孺，山東福山人。光緒六年進士，二十一年署國子監祭酒，二十六年充團練大臣，是年，八國聯軍攻陷北京，他投井自殺。後追贈侍郎，諡文敏。他泛涉書史，嗜好金石，曾收集了一些青銅器和石刻等，翁同龢、潘祖蔭並稱其博學。光緒二十五年他開始向古董商收買甲骨，雖然他與甲骨結緣時間很短，前後不到一年，但他確是最早收集甲骨文的人之一。光緒二十六年王懿榮死後，其家人將其所藏甲骨賣給了端方，以後輾轉歸到了劉鶚，劉鶚據以編成了《鐵雲藏龜》一書，（1903年出版）這是著錄甲骨文的第一部書。劉鶚在自序中指出甲骨文是「殷代人的刀筆文字」。

我們認為上述王懿榮生病吃中藥時發現甲骨文的說法是不可靠的，實則甲骨文在光緒二十四年（公元 1898 年）已經出土並被古董商所注意，天津的王襄和孟廣慧是最早鑑定、發現和收集甲骨文的人。以下試申論之。

王襄，字綸閣齋名簠室，天津人，1876 年生，1965 年卒。他是我國老一輩的甲骨文專家，1949 年後任天津市文史館館

長。主要著作有《簠室古甬》（1909 年出版）、《簠室殷契徵文》與《簠室殷契類纂》（1920 年出版）及《古文字流變臆語》等。其中，《簠室殷契類纂纂》是我國最早編纂的甲骨文字典。王襄所藏的甲骨文現藏於天津市歷史博物館。

王襄早在 1935 年 3 月 25 日的《河北博物院畫刊》第 85 期發表的〈簠室題跋〉中就已指出：「（甲骨文）當發現之時，（小屯）村農收落花生果，偶於土中揀之，不知其貴也。濰賈范壽軒見而未收，亦不知其貴也。范售古器物來余齋，座上詉言所見，鄉人孟定生世叔聞之，意爲古簡，促其詣車訪求，時則清光緒戊戌（二十四年、西元 1898 年）冬十月也。翌年秋，攜來求售，名之曰龜版，人世知有殷契自此始。」《歷史教學》雜誌 1982 年 9 期發表的王襄遺著《簠室殷契》作了較爲詳細的介紹。文中談到：「世人知有殷契（甲骨文），自西元 1898 年（即清光緒二十四年）始。摰友范壽軒售古器物來言：河南湯陰（實是安陽）出骨版（實是龜甲、獸骨），中有『文字』，徵詢吾人欲得之否。時有鄉人孟定生共話，被慫恿其往購，且言欲得之，孟氏意：此古版爲古之簡策也。翌年十月，范君來，告以得古骨版，期吾儕到彼寓所觀覽。彼寓西門外馬家店，店甚簡陋，土室壁立，窗小如竇，炕敷葦席，群坐其間，出所謂『骨版』者，共相摩挲。所見大小不一，沙塵滿體，字出刀刻，既定其物，復審其文，知爲三古遺品。與之議定價格，骨之巨者，一字一金，小以塊計值。孟氏與襄皆寒氏，各就力所能得者，收

之而已。所餘之骨版，據云，盡售諸王廉生（懿榮），得價三千金，言之色喜。」

以上說明，河南安陽小屯村（殷墟）的村民早在清光緒二十四年（西元 1898 年）以前，在耕作中就已經發現了商代的甲骨文。由於小屯村經常出土銅器等古代文物，當時的古董商經常來小屯村收購古物。村民遂將甲骨作爲古董向古董商求售。最初這些古董商人也並不認識甲骨，1898 年濰縣古董商范壽軒（即范維卿）在到天津出售古代文物之時，向王襄、孟定生等請教，孟定生等判斷可能是古代的簡策，促其前往收購。1899 年范從小屯村購來一批甲骨，帶到天津，請王襄、孟定生等鑑定，始確定爲古代文物與古文字，甲骨文就是這樣開始被學術界發現和鑑定的。

關於孟廣慧的情況，世人知之較少，這裡做一簡要介紹。孟廣慧，字定生，號遠公，齋名鋅于室，天津人，1869 年生，1941 年卒。工隸書，受金冬心和鄧石如影響較大，與華世奎、嚴修、趙元禮並稱爲天津近代四大書法家。王襄在《鋅于室契文餘珠序》（1957 年稿本，未刊）中談到：「記昔年訪定老於淳于室，適爲人作書，見其几桌之上，殷契與漢硯雜陳。君研究殷契有素，於鼓毃、宷、亙、韋諸史之『筆法』，運用於漢隸之間。宜漢隸之獨步一時，爲流輩所傾倒。」孟廣慧喜好金石之學，是甲骨文最早發現與收藏者之一。孟廣慧前後共收集甲骨431 片，其中 400 片現藏於北京圖書館，另外 28 片現藏於天津市歷史博物館，其餘 3 片下落不明。這批甲骨是小屯村北地之

最北部，即緊靠洹河南岸的劉家二十畝地所出，是最早出土的甲骨的一部份。[1]

此外，王懿榮首先發現甲骨之說，除時間較晚外，還有兩點漏洞。其一是，根據前人在小屯村調查瞭解的情況，例如，羅振常《洹洛訪古記》宣統三年二月二十三日條：「且古骨研末，又愈刀創，故藥鋪購之，一斤才得數錢。骨之堅者，或又購以刻物。鄉人農暇，隨地發掘，所得甚夥，揀大者售之。購者或不取刻文，則以鑢削之而售。」說明雖然當時小屯村的農民在掘得甲骨之後，確曾將一部份甲骨作為傷藥或「龍骨」賣給藥店作為中藥，但是，由於藥店在收購時不要有字的，因此，農民往往將字鑢掉後再賣給藥店。其二是，據調查，在光緒年間北京菜市口並沒有一個達仁堂中藥店，而且，據中藥界的老藥工講，中藥店在出售龍骨時，一般是將龍骨搗碎後才配藥出售。因此，根據上述兩點，人們在吃中藥服用龍骨時是無法在上面發現文字的。總而言之，我們認為目前社會上仍在流傳的光緒二十五年王懿榮因病從龍骨上發現甲骨文的說法，雖然情節動人，但是，它不僅時間較晚，而且缺乏根據。不合情理，是不可信的。

---

[1] 詳參考李先登，〈孟廣慧舊藏甲骨選介〉收於《古文字研究》第 8 輯，中華書局，1983 年。

　　李先登（1938.7-2009.11），原中國歷史博物館考古部研究員。

　　專長夏商考古，中國古代文明起源以及夏商青銅文明研究與青銅器鑑定。曾參加河南登封王城崗「禹都陽成」遺址探索夏文化的考古發掘工作。

　　1990 年代多次來臺作學術交流，曾任中國文化大學史學研究所客座教授，也曾在臺灣師大歷史系作多次有關夏商考古的學術講演。

　　2000 年 3 月李先登先生訪問台灣師大歷史系作專題演講，並參觀本書著者的「書法文字畫展」。上圖左起王仲孚教授、李先登先生（中）、季旭昇教授（左）合影。

王懿榮紀念館

　　爲紀念甲骨文的發現者王懿榮，由殷商歷史學會、山東省大舜文化研究會共同籌辦的王懿榮紀念館，已於 2004 年 8 月正式完成開放。該館建築宏偉，館內場地寬敞，除收藏許多王懿榮的文物以外，也收藏許多有關甲骨文與當代著名學者的珍貴著作與墨寶，未來將發展成甲骨學研究中心。

圖為王懿榮紀念館內矗立的王懿榮銅像

（高上雯教授提供）

二、商湯都毫的地望

　　殷商時代雖然已是我國的信史時代，但是有關商代的許多問題，至今在學術上仍得不到解決，商湯建都的「毫」究竟在今天何地，便是古今學者一直探討而迄今尚無定論的問題之一。近幾年來，由於大陸考古發掘的進展和收穫頗多，使這一個問題的討論再度更趨熱烈。

　　商湯都於毫，古書的記載沒有異辭。《尚書》序云：「自契至於成湯，凡八遷，湯始居毫，從先王居。」《逸周書・殷祝解》：「湯放桀而復薄（毫）」，《孟子滕文公》下篇：「湯居毫，與葛爲鄰」，《竹書紀年》記載商代自商湯以下，歷五世九王皆都於毫，《史記・殷本紀》：「自契至湯八遷，湯始居毫，從先王居」，顯然是根據《尚書》序而來。

　　從文獻資料可以看出，商湯在滅夏之前，就已經居於毫了，而且是「從先王居」，可見毫這個地方與商族的淵源是何等的深遠。但是「毫」位於何地呢？古代文獻沒有指實，自漢代以來，學者說法又不一樣，使讀史的人感到困擾。商湯都毫的地望，對於夏商之際和商代早期歷史的瞭解，關係重大，現在就古今學者的意見，做一簡要的介紹。

　　因爲古代文獻沒有說明毫在哪裡，自漢代以來有關「毫」的地望，至少有下列幾重說法。

一、杜亳說：《史記・六國年表》稱：「夫作事者必于東南，收
　　功實者常於西北。故禹興於西羌；湯起於亳；周之王也，
　　以豐鎬伐殷；秦之帝用雍州興；漢之興自蜀漢。」太史公
　　的意思，明顯的認爲「亳」在西北地區。東漢許慎的《說
　　文解字》「亳」字條說：「京兆杜陵亭也」，其他在今陝西省
　　長安縣，此爲『杜亳說』。此說文獻資料脆弱，又得不到地
　　下資料的支持，因此，論者以爲「不能成立」。

二、西亳說：《漢書・地理志》〈河南郡偃師縣〉條下，班固自
　　注云：「尸鄉，殷湯所都」，鄭玄也說：「亳，今河南偃師縣
　　有亳亭」[1]。由於偃師縣發現了「二里頭文化遺址」與尸鄉
　　溝「商城」，因此「西亳說」受到學界極大的重視。

三、北亳說：《漢書・地理志》卷二十八〈山陽郡薄縣〉條，顏
　　師古注引臣瓚曰：「湯所都」，《詩經・商頌・玄鳥》篇，孔
　　疏引〈漢書音義〉曰：「臣瓚案：『湯居亳，今濟陰亳縣是
　　也。』『亳』與『薄』通。濟陰在今山東省曹縣境。」又，
　　《左傳》莊公十二年：「宋萬弒閔公于蒙澤……立子游，群
　　公子奔蕭，公子御說奔亳」，杜注：「亳，宋邑，蒙縣西北
　　有亳城」，蒙縣在今河南商丘縣北。

四、南亳說：《史記・殷本紀》集解引晉皇甫謐云：「梁國穀熟
　　爲南亳」。《殷本紀》正義引括地志云：「宋州穀熟縣西南三
　　十五里，亳故城，即南亳，湯都也。」《尚書・立政篇》：「三

---

[1]　《尚書・胤征篇》、孔疏引。

亳阪尹」，正義引皇甫謐云：「三處之地，皆名爲亳，蒙爲北亳，穀熟爲南亳，偃師爲西亳」。

「湯都亳」的地望既有不同的傳說，因此有學者便加以調和，做出較合理的解釋。例如《尚書・序》云：「湯始居亳，從先王居」，《僞孔傳》：「契父帝嚳居亳，湯自商丘遷焉，故曰從先王居」，唐李泰《括地志》云：「湯即位居南亳，後徙西亳，在偃師十四里，本帝嚳之墟」[2]。清代金鶚在《求古錄禮說・湯都考》中說：「湯未滅桀之先，始居穀熟（南亳），及滅桀之後，乃遷居偃師。然居穀熟之時，尚屬諸侯，其國非帝王之都，迨即天子之位，而居偃師，則惟偃師可爲湯都，故班固不以湯都注於偃師也。」此皆支持「西亳」。

近代學者對於湯都亳問題的討論，也一直未曾間斷。民國四年（一九一五），王國維著〈說亳〉一文，認爲漢代山陽郡之薄（亳）縣，爲湯都之亳，其地在今山東省曹縣。王氏並指出「若南亳、北亳（蒙縣之亳）不獨古籍無徵，即漢以後亦不見有亳名」，「至偃師之地，更與諸國風馬牛不相及」。王氏主張之「曹亳」，長期以來深受學者相信，影響頗爲深遠[3]。

抗戰期間，董作賓先生著《殷曆譜》[4]，在〈帝辛十祀譜〉，及其後所著〈卜辭中的亳與商〉[5]一文裡，根據甲骨文的資料，

---

[2] 《詩・地理考》卷五《商頌》引。

[3] 《觀堂集林卷》十二、史林。「說亳」一文的著作時間，係根據王德毅先生著《王國維年譜》一書之考證－中國學術獎助委員會叢書。

[4] 民國三十四年（1945）中央研究院歷史語言研究所出版。

排列出帝辛十年征人方（紂伐東夷）的每日行程和路線，由安
陽殷都出發往東南行的路程，經過商（大邑商），再往南行二日，
便到了亳。「商」就是今日河南省商丘縣，「亳」的地望在今安
徽省亳縣內。古代文獻記載的亳不止一地，已如前述，而在甲
骨文中所見的亳，董氏認為只有一個，也就是湯都的南亳，在
殷代並無北亳或西亳之名。

　　趙鐵寒先生〈殷商群亳地理方位考實〉一文指出「殷所止
有亳，殷師所止亦必有亳」，但是對於湯都的亳，則從董作賓氏
之說，認為甲骨文中只有一個亳，即後世所說的南亳，認為南
亳為「殷商原始之亳，湯所都」，卜辭言亳，指此一處[6]。日本
島邦男著《殷墟卜辭研究》[7]，對於湯都亳的地望，亦從董氏之
說。最近四十年以來，臺灣地區的歷史著作或歷史教科書，大
都採用董氏之說，或者以董氏與王國維氏二說並存，亦即在「商
湯建都於亳」一句之下，加註「安徽亳縣，一說山東曹縣」，或
「山東曹縣，一說安徽亳縣」。

　　在大陸的學者方面，丁山在《商周史料考證》一書中認為：

> 學者必須探尋成湯的故居，由「韋顧既伐，昆吾夏桀」兩句詩
> 的方位測之，疑即春秋時代齊國的博縣。[8]

---

[5]　《大陸雜誌》第 6 卷第 1 期。

[6]　《古史考述》，正中書局，民國 54 年初版。

[7]　溫天河、李壽林中譯本，鼎文書局印行，民國 74 年初版。

[8]　香港龍門聯合書局，一九六○年初版，中華書局重印，1988 年。

岑仲勉著《黃河變遷史》[9]一書，認為各地之亳「皆與商代之亳無關」，以古史勘古跡，認為湯都在現時內黃，實比其他各說最為可據。

自五十年代後期，由於考古發掘的新資料增加，商湯都亳問題的討論開始熱烈起來，有的提出新說，有的支持舊說，不論採取哪一種主張，共同的特點就是運用考古發掘的新資料，配合文獻記載，作為討論的基礎。

民國四十八年（一九五九）著《中國古史的傳說時代》一書的徐旭生（炳昶）先生，以七十高齡親自率隊至豫西調查「夏墟」，在偃師縣二里頭發現了著名的「二里頭文化遺址」，徐氏的調查報告認為這處遺址是商湯建都的西亳，從此「西亳說」重新受到注意。

民國四十一年（一九五二），在河南鄭州發現了一座早商時代的遺址，總面積達二十五平方公里，遺址中心是一座商代城址，城牆共長六千九百七十公尺，城內東北隅有大型的宮遺址。此外，在城的內外還發現了鑄銅遺址、燒陶及製骨器的作坊。這一座商代城址一般稱為「鄭州商城」，推測它是商王朝的一個重要城邑。北京大學教授鄒衡於民國六十七年（1978）發表〈鄭州商城即湯都亳考〉[10]一文，力主「鄭州商城」就是湯都的亳，是為「鄭亳說」。

---

[9]　人民出版社 1957 年初版，臺北里仁書局重印，民國 71 年。
[10]　《文物》1987 年第二期。

　　「鄭亳說」的主要根據，除了「鄭州商城」之外，在鄭州還發現戰國時期帶「亳」字的陶文，而《左傳・春秋經襄公十一年》記載「秋，七月，己未，同盟於鄭城北」，杜注：「亳城，鄭地」，鄭州於春秋爲鄭地，與陶文相印證，是鄭州在先秦本有亳城之名。

　　「鄭州說」發表後，引起許多爭論，有人主張「鄭州商城」應是仲丁[11]所遷的囂（隞），「偃師商城」發現後，主張湯都西亳的人，更是得到了地下史料的依據。

　　民國七十二年（一九八三）考古工作者在河南偃師二里頭遺址東方約五六公里的塔莊村，發現了一座商代城址，城址範圍南北約一千七百餘公尺，東西長度最北約一千二百一十五公尺，中部七百四十公尺，總面積約爲一百九十萬平方公尺，城址周圍有夯土建築的城牆，已發現東、西、北三面，而不見南城牆，推測被水沖毀。城中發現兩座宮城，十處大面積的夯土建築基址，縱橫交錯的十一條大道，以及宮殿下面完善的大石結構的排水設施等。發掘報告指出，根據已發現遺跡，顯示這一座城址絕非一般村落，而是一座王都，建築的時間屬於早商時代。偃師商城遺址所在地的塔莊村，村人世代相傳爲尸鄉溝，符合班固在《漢書・地理志》裡所說偃師尸鄉爲殷湯所都的地點，因此偃師商城即被一部分學者認爲是商湯所都的「西亳」。

11　商湯後的第九王。

由於「偃師西亳說」可得到文獻資料和考古資料的雙重支持，頗具有說服力，因此，此說的聲勢也就大盛起來。

目前爭論較大的，就是「偃師西亳說」與「鄭亳說」。就考古發掘的資料比較，「偃師商城」和「鄭州商城」的規模皆是一代王都，但是「偃師商城」時代較早，規模較「鄭州商城」略小，所以有人為了調合二說，認為商湯滅夏後先建「偃師商城」，即後世所謂的「西亳」，但此後不久，又在鄭州建立一座規模更大的「鄭州商城」，這一座大城建立後不久，其統治中心則移到「鄭州商城」，其地名仍稱「亳」。[12]

湯亳地望問題，反映在大陸學者的歷史著作中，也很混亂。大致早期著作多採「蒙縣北亳說」[13]，可以郭沫若《中國史稿》[14]為代表，其他著作也多用此說。自八十年代以後的歷史著作，則兼採「鄭亳說」或「偃師西亳說」，或三說兼採。例如詹子慶編《先秦史》[15]，對於湯都亳問題作如下的處理：「成湯建立了商朝，定都於亳[16]，亦說建都於西亳[17]。」[18]。又如余天熾主編

---

[12]　孫淼：《夏商史稿》，頁344-355，文物出版社，1987年。

[13]　河南商丘。

[14]　人民出版社，1976年第1版。

[15]　遼寧人民出版社，1984年。

[16]　今河南商丘，或說今鄭州。

[17]　今河南偃師。

[18]　詹子慶編《先秦史》，遼寧人民出版社，1984年，頁79。

的《中國古代史》[19]一書，說「成湯定於亳[20]，亦說建都於西亳[21]。」[22]，可見這個問題還沒有最後的結論。

　　「西亳說」或「鄭亳說」固然都有早商城址予以支持，但也並非二者必擇其一。中研院院士高去尋先生在〈商湯都亳的探討〉一文中，認為「三亳說中，湯都南亳最為可信」。而「偃師商城」的發現可說是西亳的證實，但是《逸周書・殷祝解》、《尚書・序》、《史記・殷本紀》都說湯滅夏後，復歸於亳（即南亳）也是可信的。高先生認為：

> 成湯最初所都的亳是後世所謂南亳，湯滅夏以後為了鎮撫新征服的夏土，才在偃師尸鄉修築了一個城池後，被後世傳稱為西亳。這種情形與西周初年平定東方殷人，在今日的洛陽建立了東都洛邑，為鎮撫東方的一個前進指揮所的情形相同。[23]

主張「西亳說」的學者，認為商湯滅夏之後，即建都於偃師商城，高先生強調的是：文獻記載商湯滅之後，「復歸於亳」，所以考古發掘的「偃師商城」，即使印證了文獻記載的西亳，也不能以此否定湯都南亳的史實。

---

[19]　廣東高等教育出版社，1985 年。

[20]　今河南商丘，或說今鄭州。

[21]　今，河南偃師。

[22]　余天熾主編《中國古代史》，廣東高等教育出版社，1985 年，頁 30。

[23]　《董作賓先生九五誕辰紀念集》，頁 88，民國七十七年四月董氏家屬自印。

　　商都亳在一般通史著作或歷史學中，只不過佔三言兩語的位置罷了，而在學術討論裡卻是如此錯綜複雜。筆者認為新資料、新學說應予充分的注意與瞭解，但是在運用時則應採取審慎穩健的態度，湯亳地望問題，便是一例。

※附註：本文除了已註明的徵引之外，還參考了下列論著：

1.方酉生：〈論湯都西亳〉，《河南文博通訊》，1978 年第 1 期。
2.鄭杰祥：〈商湯都亳考〉，《中國史研究》，1980 年第 4 期。
3.中國社會科學院考古研究所漢魏故城工作隊：〈偃師商城的初步勘探和發掘〉，《考古》，1984 年第 6 期。
4.李民：〈南亳、北亳與西亳的糾葛〉，《全國商史學會討論會論文集》，《殷都學刊》編印，1985 年。
5.楊升南：〈殷人屢遷辨徙〉，《甲骨文與殷商史》第二輯，上海古籍出版社，1986 年。
6.鄭杰祥：《夏史初探》，中州古籍出版社，1988 年。

國語日報（民國七十八年（1989）九月二十七日）

附：高去尋：〈商湯都亳的探討〉

一、引言

　　商王成湯建都於亳的「亳」字，可見於商人的甲骨文字，但在甲骨文本身並看不出它是商人先王的故都。我們知道商湯都亳，最早見於漢以前的文獻，如《墨子・非命篇》、《孟子・滕文公下》、《荀子》的〈正論篇〉與〈王霸篇〉、《戰國策・楚策四》、《尚書・序》等記載。同時又因亳與薄古音相同，可以通假，所以亳又作薄，也見於《逸周書・殷祝篇》、《墨子・非攻篇》、《管子・輕重篇甲》、《荀子・議兵篇》、《呂氏春秋・具備篇》。此外我們可說在漢以前的記載，除去不為後世所接受的《商君書・刑賞篇》「湯封於贊矛」之一說外，更無其他異說，因而自漢以後湯都亳遂為歷代相傳之定說。但是古地以亳或薄為名者甚多，不可能它們都是湯都，究竟那一處亳或薄才是商都？過去有四種舊說 1.杜亳說；2.南亳說；3.北亳說；4.西亳說。近來北京大學的鄒衡先生認為自一九五二年開始發掘河南鄭州而發現的商城即湯都的亳，並且否定了過去的四種舊說[1]。我們覺得鄒氏此一新說毫無有勁的證據，全不可信，我已經有專文

---

[1]　鄒衡，〈鄭州商城即湯都亳說〉，《文物》1978 第 2 期，即《論湯都鄭亳及其後的遷徙》收入《夏商周考古學論文集》（北京：文物出版社 1980），頁 183-218。

評論在此不更贅述[2]。至於杜亳說我對鄒氏的判斷「清代學者錢大昕之駁斥極是，故近世學者很少有立此說者」頗具同感。其餘二亳說孰可信孰不可信我願以近世考古資料之新發現加以檢討如下：

二、南亳說

西晉皇甫謐在《帝王世紀》說：

> 梁國穀熟為南亳，即湯都也。(《史記・殷本紀集解引》)

晉時梁國的國都睢陽城，在現在的河南商丘縣城附近。穀熟縣治在現在商邱東南四十里的穀熟集附近。北魏酈道元《水經注》「睢水東逕睢陽縣南」注說：

> 睢水又東逕高鄉亭北，又東逕亳城北，南亳也，即湯所都矣。睢水又東逕睢陽縣，故城南，周成王封微子啟於宋，以嗣殷後，為宋都也。

可見湯所都的亳城在睢水以南，宋人故都睢陽故城稍在其東北。到了唐代對南亳的地理位置則說更為具體了。唐初《括地志》說：

> 宋州穀熟縣西南三十五里南亳故城，即南亳，湯都也。(《史記・殷本紀正義》引)

2　評鄭州商城即湯都亳說（本刊稿）。

張守節在《史記・貨殖列傳》「湯止於亳」的亳下說：

> 宋州穀熟縣西南四十五里南亳州故城是也。

又在《樊噲傳》「從擊秦軍，出亳南」下說：

> 亳故城在宋州穀熟縣西南四十里。

則與《括地志》所說方位不差，但里數稍有不同，原因何在，現已無法窮詰了。自唐以後主張湯都亳是南亳者，大都以上舉《帝王世紀》、《水經注》、《括地志》爲根據。現在鄒衡則認爲南亳說全不可信，他說：

> 看來豫東一帶，儘管分佈有二里頭文化和早商文化遺址，卻都不密集，也不甚豐富，且地偏於東，近於徐淮地區，斷然非湯都所在。總之河南商丘南亳說，一則無先秦文獻根據，二則無考古學上證明；因此也是不能成立的[3]

我認爲在商丘一帶發現屬於二里頭文化或早商文化的遺址，雖然僅有一兩處，既不密集，也不豐富，但據此便斷然以爲豫東地區絕非湯都之所在，則未免言之過早。因徐淮地修歷代皆不免水患，現存地表情形乃河水泥沙多次積而淤成。所以中日戰爭前，李景聃先生在商丘一帶之考古調查[4]，僅能發現少數黑陶

---

[3]　鄒衡，《論湯都鄭亳及其後的遷徙》收入《夏商周考古學論文集》（北京：文物出版社 1980），頁 188。

[4]　李景聃，〈豫東商丘永城調查及造律台黑孤堆曹橋三處小發掘〉，《中國考古學報》1947 第二冊，民國 36 年出版。

文化遺址，中日戰爭時期關野雄教授在商丘一帶之考古調查[5]，除在古宋鎮發現漢墓以外，亦別無所獲。現在商丘一帶既已發現早商文化遺址，焉知將來不會有湯都之發現。至於鄒衡認為南亳說的不可信，另一理由是它不見於先秦的文獻，與王國維排斥南亳說所說南亳不見於古籍相同。其實我們以現在所見資料而論，南亳說最有根據，其根據價值之高絕非一般先秦文獻之可比。

　　甲骨文中有一地名為亳，董作賓先生在抗日戰爭期間曾把許多殘破的甲骨拼合補缺，復原了二十三版的卜辭，按年月日組成了帝辛十年征人方的日譜，發現由安陽的殷都出發，往東南行的路程，經過商（也稱為大邑商）由商再往南，須有兩日的行程便到了亳，因此，他認為甲骨文中的商，也就是王國維僅據文獻資料考證，商人起於昭明訖於宋國所都的商，即今河南商丘縣。亳的地望則從皇甫謐與《括地志》之說認為在今安徽亳縣境內，古之南亳也[6]。陳夢家先生認為董先生此譜有許多錯誤，因而自稱「我們現在糾正這些錯誤，增入了新出的材料，刪除了不必要的和錯置的材料」作成正人方的歷程。我無意在此檢討陳的歷程與董譜得失，現僅指出陳氏對歷程中，商與亳的考證說：

[5]　（日）關野雄：中國考古學研究。

[6]　董作賓，《殷曆譜下編・卷五・帝辛十祀譜》，及〈卜辭中的亳與商〉，收於《大陸雜誌》第 6 卷第 1 期。

　　商，今商丘縣附近，毫今商丘縣南帶[7]。

基本上與董先生所說相同。此後日本島邦男教授研究甲骨文中
的地名，以各片卜辭中地名關係為主，另排比帝辛十年征人方
的行程，雖然也有一些地名或其位置與董先生有所不同，但對
商與毫的地望則仍從董說[8]。至於董先生主張舍在商南有二日之
行程，並以古代軍行每日一毫，每舍三十里為說，估計南毫去
商不過六十里，與趙鐵寒根據清《一統志》與《讀史方輿紀要》，
都說穀熟故府南東德治城在歸德府治東南四十里，而毫又在穀
熟西南三十五里，推算晉人之所謂南毫者在今日商丘之南五十
三里都不是十分可靠的[9]。大家都知道現在的商丘城地點並不與
古代的商丘城完全符合，現代的穀熟集也不是漢唐以來的舊
址，除非田野考古學上有所發現，否則商與毫的方位距離便很
難說定，但是我們根據甲骨文中商與毫的距離，並參照過去南
毫說的資料，相信湯所都毫，是南毫，與當時的商相去不會很
遠。但是我們認為南毫可信，是完全根據甲骨文而來，不過甲
骨文只是商代後半期的文獻，它有地名的出現，完全是偶然的，
絕不是像後世的地理志或郡國志一樣能看到的全國郡縣名字，
因此我們怎能知道在當時沒有另有一個或幾個地方也名為毫？
關於這一問題，董作賓先生說：

---

[7]　陳夢家，《卜辭綜述》，頁 206。

[8]　（日）島邦男，《殷墟卜辭研究》昭和三三年，頁 360-361。

[9]　趙鐵寒，〈殷商羣毫地理方位考實〉，收入《古史考述》（民國 54 年臺北：
　　正中書局）。

據卜辭中地名之例，若同時有北亳西亳，則此亳必稱為南亳，絕不能單稱為亳，如沘地原分南北，卜辭有「南沘」、「北沘」，對地原分東西，卜辭有「東對」、「西對」，地有上下之分，卜辭乃有「上絲」與「下危」，大邑商稱為中商，於是四方之國則稱為東土、南土、西土、北土。地點雖多，秩然不雜，由此可以知道商、亳，皆為殷人的京邑，舊京所在，絕不會更有異地同名以相混淆了。[10]

　　如果我們再按照陳夢家的卜辭地名組合分類來看，亳是單名，屬於陳氏所分的第 1 類，也就是屬於單音綴的基礎字[11]。董先生所舉的例子，如「南沘」、「北沘」、「東對」、「西對」、「上絲」、「下危」、「東土」、「南土」、「西土」、「北土」甚至「中商」等地名都是屬於第 2 類中常見的例子，也就是陳氏所說在此單名以前往往加方位字的地名，不免以單名為基礎的一些地名互相混淆。但是在卜辭中不見亳字以前有任何方位字的位子。此外在所有卜辭地名中我們現在只見到一個與亳字有關係的地名「亳土（社）」它應屬於陳氏的分類單名後加區域字的第 3 類。後世文獻中的亳社都被解釋為殷人的社是對的，在殷人的卜辭中也常有祭於社的例子，但所提到的亳社應該是僅指在亳地的社，在實際的卜辭內也看不出有同時祭祀其他地方的亳社的可能，不必列舉。換句話說在有亳社的卜辭也可以看出不是有幾個的地方也可以叫做亳的。但是如上所說卜辭中的地名都是偶

10　董作賓，〈卜辭中的亳與商〉，《大陸雜誌》第 6 卷第 2 期。
11　陳夢家，《卜辭綜述》，第 8 章第 2 節，卜辭地名形式分類。

然出現的，它們不能但我們知道當時各地的地名。雖然我們知道卜辭地名的造成，是有相當的規律，不容易互相混淆，不過我們在卜辭地名也看到一種情形，例如有單名的「洹」，又有「東洹」、「西洹」，「鄭」又有「南鄭」、「北鄭」、「我鄭」，「沘」又有「東沘」、「南沘」、「北沘」，「危」又有「下危」等等。是否當時除去單名的亳以外還可能有在亳以前加方位字或區域字其他的亳？我個人的看法這種可能性不大。在古代的文獻，我們所知是有不少的地名為亳的，現在不必再以聲類求之，亳可作薄或博等等，僅據王國維一家所說，他知道名亳的就有八九處之多，假如在卜辭時代（商代後半期）即已經有亳，又有在亳以前加方位字或區域字指其他的亳，便不至於不被後世所沿用，而造成後世的如此混淆情形。南亳、北亳、西亳三個地名固然是起於晉人皇甫謐，即使是專指成湯與諸侯會盟的地方《左傳・昭公四年》的景亳，《呂氏春秋・具備篇》的郼薄，既不見來龍又不見去脈，也都是後起的亳名。總之我們甲骨文的材料看來，在商代後半期只有一個地方被稱為亳，論其地望是在商以南不遠。此時的商即現在的商丘，不論從文獻上看或從卜辭來看都可證明它是商人先王舊居之地，亳也應該即「湯始居亳從先王居」的亳。因此我們認為在三亳說中，湯都南亳最為可信，雖然在田野考古還沒有發現這個亳。

三、北亳說

《漢書地理志》山陽郡薄縣條顏注引臣瓚說：

> （薄）湯所都

又詩《商頌》玄鳥疏引〈漢書音義〉說：

> 臣瓚案：湯居亳，今濟陰薄縣是也。今薄有湯塚，己氏有伊尹
> 塚，皆相近。

漢代的薄縣在魏晉時代被省入蒙縣，所以皇甫謐說：

> 蒙為北亳。

但是皇甫謐主張湯所居亳，應是在穀熟的南亳，北亳即景亳為湯所盟地與臣瓚的主張不同。自王國維以臣瓚之說為是，並又舉三證以證之，湯都北亳之說便是大多數學者所信從[12]。其實王氏之說亦不足信，現在我們看來他的第二證與第三證不過是第一證的陪襯，本身並沒有多大的力量，其第二證與孟子湯居亳與葛為鄰說蒙縣西北的薄與現在寧陵東北的葛，地正相接，湯都自當在此（指北亳）。不過主張湯都南亳的皇甫謐也曾引用孟子的話而排斥西亳說，可見王國維的第二證並不是湯都在北亳所獨有的證據，其第三證以湯所伐國韋顧昆吾的地望，都在北方，以證湯居必在國之北境（指北亳）更是立足於他的大前提湯都北亳的證據。因為《古本竹書紀年》曾載湯有七名而九征，孟子也曾說過湯十一征而無敵於天下，成湯所征伐的國家大多

---

[12]　王國維，〈說亳〉，收入《觀堂集林》卷十二。

數已不能知道，我們不能僅據〈商頌〉「韋顧既伐，昆吾夏桀」
四個在北方的國家便認爲成湯爲了經營北方而建都在北亳。退
一步說即使湯都北亳爲了經略北方，假如是都於南亳而征伐韋
顧昆吾，不都於北亳不過增加約一百多里的行程又有何不可。
實際的例子，孟子所說湯十一征而無敵於天下，又說湯一征自
葛始，又說湯居亳與葛爲鄰，據雷學淇的考訂[13]，北亳在今商丘
北五六十里，寧陵在商丘西五六十里，葛在寧陵北約十五里，
我們估計南亳應在今穀熟附近，北去商丘最多不過六七十里，
我們主張湯都南亳，湯的征葛由南亳出發比由北亳出發，不過
多行幾十里路而已。王氏第一證則以春秋時宋之亳爲證。王氏
首先考證《左傳・莊公十二年》（682B.C.）（宋）公子御說奔亳
的亳，亦即漢之薄縣。又舉哀公十四年（418B.C.）《左傳》桓
魋請以鞌易薄，（宋）景公曰不可，薄，宗邑也，而說此薄爲宋
宗邑尤足證其爲湯所都。自王氏第一證發表後，一般學者大多
認爲以薄宗邑也，以證湯都北亳可以確定，因此北亳說在三亳
說中最佔優勢，至今仍有人信從而無疑。其實王氏的北亳說並
不可信。在十幾年前董作賓先生因甲骨文所見的亳只是湯都的
南亳，在殷代並無有可稱爲北亳的亳，首先對王氏所說加以駁
斥。此後趙鐵寒先生從董說認爲甲骨文中只有一個亳即後世所
說的南亳，春秋時代的宋亳也就是北亳，並非湯都，但在《左
傳》魯哀公十四年宋景公所說「薄，宗邑也」以前南亳早已入

---

[13]　雷學淇，《竹書紀年義證》卷四「元年帝即位居亳」條。

楚國，宋乃移其宗廟於北亳，因此北亳便成爲宋的宗邑，南亳已入了楚[14]。近來鄒衡先生則以爲宋的宗廟中固然可以供奉商的始祖，但它畢竟是微子受周封後才立的，與成湯時商宗廟根本不是一回事，又說因此所謂宋宗邑至多也只能是宋的始封之地，決不會是什麼商宗邑，因而也根本否定了湯都在北亳之說，趙、鄒二人對「薄，宗邑也」的看法是不同的，但都反對北亳原爲湯都，則是一致的，但是北亳的亳既非湯都，何以稱爲亳或薄？鄒氏說亳在商代是常用的地名，經常搬來搬去，宋爲商後自可把亳名搬去，這是出於把亳定爲鄭州商城的說法，我們的看法在甲骨文中只有一地稱爲亳，後世其他的如與亳王的搬遷有關，可能是因亳王的來過或暫住過，在商亡之後商王帶來的亳名才取代了原有的地名。此外皇甫謐似乎是從《左傳・昭公四年》的商湯有景亳之命，而說的蒙爲北亳即景亳湯所盟地，因而得名爲亳，以及趙鐵寒先生認爲湯於伐三朡之戰爭中奉其軍社駐驛於此而得名爲亳，都是很難說定的。總之，我個人的看法「薄，宗邑也」雖然宋之先君無封於北亳之說，但亦不因其地名爲亳能轉變爲商之宗邑，此地在春秋時代的稱亳實屬後起，與湯都無關。

14　見同註9。

四、西亳說

　　《帝王世紀》說偃師為西亳，偃師縣是西漢時代所置的，西亳這個地名完全是皇甫謐叫起的。但是西亳稱號的來龍去脈在古代文獻內也是有線索可尋的。最早認為成湯都偃師的尸鄉是見於《漢書・地理志》河南郡偃師縣下，班固自注說：

> 尸鄉殷湯所都

因為班注所說偃師與尸鄉的關係不夠清楚，所以杜預注尸鄉的舊名尸氏，說尸氏在鞏縣西南偃師城也，但據司馬彪的《續漢書郡國志》河南尹下說：

> 偃師有尸鄉春秋曰尸氏

可知尸鄉在漢代是屬於偃師縣，它在春秋時代被稱為尸氏或尸都可見於昭公廿六年（515B.C.）的左氏傳。在秦末或漢初它被稱為尸，又可稱為尸鄉。例如《史記・曹相國世家》與《漢書・蕭何曹參傳》「擊趙賁軍尸北破之」，《史記・樊酈滕灌列傳》說樊噲「東攻秦軍於尸南」，《漢書・樊酈滕灌傳靳周傳》則說樊噲「東攻秦軍於尸鄉」，又如《史記・田儋列傳》、《漢書・魏豹、田儋、韓王信傳》都說漢高祖五年田橫自殺處為尸鄉的廄置，自此以後直到唐代班固所說湯都的尸鄉才被西亳或亳邑的名字所代替。

　　自從班固主張偃師的尸鄉為湯都以後，到了東漢末年的鄭玄才認為尸鄉是《商書序》中湯始居亳的亳，因而說亳今河南偃師縣有湯亭《地理志》河南偃師尸鄉成湯所都。鄭玄又注「盤

庚五遷，將治亳殷」爲治於亳之殷地，因此商家改號曰殷亳，這種對《書序》有錯字的解釋即成爲皇甫謐主張盤庚遷於西亳的依據，也使酈道元《水經注》改稱尸鄉爲殷亳。晉時杜預更從班注與鄭說而注《左傳・昭公四年》商湯有景亳之命的景亳說河南鞏縣西南有湯亭或言亳，即今日之偃師城也。同時皇甫謐認爲偃師尸鄉最早爲帝嚳所都的亳（《史記・五帝本紀集解引》），又以爲殷湯都亳在梁，又都偃師，至盤庚徙河北又徙偃師（《史記封禪書正義引》），因而把偃師湯都的尸鄉按其方位，稱之爲西亳。自此以後到唐的文獻，對偃師的湯都，有的稱爲西亳，有的稱爲亳邑，他的本名尸或尸鄉便少見了。

由以上所見班固所說湯都的尸鄉與亳扯上關係是漢末以後魏晉學者的事，是後起的與班固無關，班固也並沒有用它附會湯居的亳，因爲班固在《漢書・地理志》已經從《史記・貨殖列傳》的說法也說過湯止於亳了。我想班固說偃師尸氏湯都也必另有根據但已不爲我們所知了。我個人的推想：秦漢時代所稱的尸或尸鄉即是由春秋時代的尸（尸氏）而來，而尸（或尸氏）很可能是由夷（或夷氏）而來的。在成湯滅夏以後爲對西方的經略，一時駐驛在尸鄉，因而被當時的夏人或夏代遺民稱湯和他的部族東夷所住地爲夷（或夷氏），此後又變爲尸（或尸氏）也不是不可能的。夷與尸在甲骨或前期金文字形非常相似，

有時也相混不易分辨，在古音又同屬脂部，據董同龢、周法高、
李方桂三家所擬上古音夷與尸也都很相近，現在下面列出來[15]

	夷	尸
董同龢	djed	cjed
周法高	rier	stjer
李方桂	rid	hrjid

夷與尸二字董、周二先生在聲母的發音部位上還有一些距離，
李先生的擬音則非常接近。假如尸鄉的尸是由夷變來的也是說
得通的。假如我這種看法可信，也可以做為湯曾都尸鄉的一個
旁證。成湯伐桀滅夏建立了商王朝，這是我們無法不信的。我
也相信《逸周書・殷祝篇》：「湯放桀而復薄。」《書序》：「湯既
黜夏命，復歸于亳」《史記・殷本紀》：「（湯）既黜夏命，還亳」
的話，但是我也相信傅斯年先生所說的：「湯對夏用兵以偃師一
帶為根據，亦非不能可者」，又引製成於 566B.C.的叔夷鍾銘文
說湯在刻（克）伐桀之後「咸有九州處禹之堵。」證明成湯滅
夏實滅夏桀而居其土。此一傳說必古而有據是合理的。[16]
因此我認為湯都偃師尸鄉是可信的，若唐人張守節清人金鶚陳
奐主張湯即位居南亳徙之西亳後說不能看成是調停之說。

　　至於尸鄉在歷史地理上的位置如何，我們最早可以見於《史
記・田儋傳》：

15　此承友人何大安先生見告，特此誌謝。
16　傅斯年，〈夷夏東西說〉，收入《慶祝蔡元培先生六十五歲論文集下冊》
　　台北：商務印書館，1934。

> 田橫迺與其客二人乘傳詣雒陽，未至三十里，至尸鄉廄置。

這是漢高帝五年的事，當時漢高帝詔見田橫是住在洛陽，這時洛陽城應該是秦封呂不韋十萬戶侯的洛陽，考古學家還沒有找到確實的遺址，我們不能由它來推算尸鄉的地點，同時我們也不知道此時已否設置了偃師縣，不過由尸鄉設有養馬的驛站，知道它是在由東方往洛陽交通的大道上。現在偃師縣有田橫墓去偃師城西四十里路（見《大清一統》志卷一百六十三），在洛河的北岸，現在鄉人都以為是真跡，若然葬田橫處應離尸鄉不會太遠。皇甫謐的《帝王世紀》曾說：

> 尸鄉（偃師）縣西二十里（司馬彪《郡國志》劉昭注引）

《水經・穀水注》說：

> 陽渠水（即穀水）又東逕亳殷南，昔盤庚所遷，改商曰殷，此始也，班固曰尸鄉，故殷湯所都者也，故亦曰湯亭。薛瓚《漢書注》皇甫謐《帝王世紀》並以為非，以為帝嚳都矣。晉太康記地道記並言田橫死於是亭故改曰尸鄉，非也，余按司馬彪以為春秋之尸氏也……穀水又東逕偃師城南皇甫謐曰帝嚳作都於亳偃師是也，王莽之謂師氏者也。

除了把湯都的尸鄉被學者間改名為亳的經過以外只說尸鄉在當時偃師城以西未記里數。但是他在《汳水注》考證蒙亳（即北亳）卻引用裴駰的話說：

> 裴駰曰：「湯都也，亳本帝嚳之墟，在禹貢豫州河洛之間，今河南偃師城西二十里尸鄉亭是也。」

可見從晉人皇甫謐到南朝的裴駰北魏的酈道元所說當時的尸鄉
應在偃師城西二十里，此後唐初的《括地志》說：

> 尸鄉亭在洛川偃師縣，在洛州東南也（《史記曹相國世家正義》
> 引）亳邑故城在洛州偃師縣西十四里，本帝嚳之墟，商湯之都
> 也（《史記殷本紀正義》引）

我疑心尸鄉亭可能即湯亭是尸鄉地方政府所在，亳邑故城
是指湯都尸鄉的所在地而言，兩者並不在一個地點。但同屬一
個行政區域。五代時梁末帝貞明二年（916A.D.）卒的葛從周墨
碑有歸葬於偃師縣亳邑鄉的活葛墓，在舊偃師縣城西北約五里
的槐廟村附近。槐廟村原是隴海鐵路的一站在對日抗戰之前即
改為偃師縣治。由葛碑文可見五代時期由唐代稱西亳為亳邑在
偃師城西一帶便被稱為亳邑鄉了。因此清代孫星衍在偃師縣地
理志說：

> 星衍按：亳邑鄉出葛大尉碑是其葬處，今天尉墓在縣西槐廟
> 村，是即亳邑鄉古之所謂亳也，童鈺河南府志云縣西十里有辛
> 寨鎮或以高辛故都得名，又在槐廟村西南矣。今偃師縣治是隋
> 唐古城而裴駰以帝嚳墟為在城西二十里。《括地志》又云七十
> 疑七十為十七之誤，蓋自高辛寨鎮以西十餘里皆古亳邑也，張
> 守節云即偃師城，非也。

孫星衍在此所說《括地志》的亳邑故城在偃師縣西七十里，
不知何所根據，他輯佚的《括地志》作十四里已見以上的引文
了。被人稱為很少錯字的一九三一年出版的《史記會注考證》

本也作十四里可能十四里是《括地志》的原文。童鈺之說大概是根據《書序》，湯始居亳從先王居作帝嚳，認爲嚳之都，即湯之亳便定偃師的高辛寨爲湯居的亳，過去皇甫謐認爲西亳原是帝嚳的都便是這種原因，但是我們現在即便不懷疑古代的傳說也應懷疑高辛寨是何時才有的村寨，寨名是否與帝嚳高辛氏有關。孫星衍認爲在偃師城（尋按：即約一九三七年前後縣治來遷槐廟村之縣城）西十里以外十餘里的地方有西亳，比童鈺說自然是可信的，不過這也是全憑文獻材料而來的論斷而已。

以上所述不過是我個人對湯都西亳問題僅就文獻資料得來一種看法，就是西亳說並非全不可信。雖然董作賓先生研究地上出土的資料，商代晚期的卜辭，認爲卜辭的亳只是南亳而排斥北亳、西亳之說，但是實際與有西亳並無衝突。湯都的尸鄉在成湯居住之前是什麼地名，我們無法知道，但它被稱爲夷（或夷氏），可能是很早的事，它的被稱爲亳，與卜辭的亳相混淆則是從東漢末年開始的。至於它的地望，孫星衍說當在偃師城西十里以外十餘里的地方，雖然不無問題，但是也並非全不可信，只是缺少田野考古的證據而已。

一九五九年已七十歲高齡的徐炳昶（旭生）先生按其多年研究中國上古史的心得，親自率隊赴河南省西部調查所謂夏墟，而在偃師縣洛河南岸的二里頭村，發現一個面積廣大的古文化遺址，並強調此一處是商都湯建的西亳，因而引起中國科學院考古研究所對此一遺址的開始發掘，以及其他考古家更在嵩山附近調查出不少的二里頭文化類型的遺址，並做了重點的

發掘。結果大家都認爲二里頭文化可分爲四期，以二里頭的遺
址爲最重要，但是考古家們對二里頭遺址的性質也產生了不同
的看法：（一）有人認爲遺址的一至四期文化都是夏文化。（二）
有人認爲一至二期是夏文化四期是商文化。（三）有人認爲一期
是夏文化二至四期是商文化。（四）有人認爲一二期是夏文化三
四期是商文化。（五）有人認爲二里頭四期文化都是夏文化但第
四期的時代應屬於商早期範疇之內。這些主張可說是聚訟紛紜
莫衷一是，直到一九八三年距徐旭生先生調查二里頭遺址已廿
五年了，主張二里頭是西亳遺址者才有轉變。因爲這年中國社
會科學院考古研究所又在二里頭遺址之東不過五至六里的塔莊
村的地方新發現了一座商代城址[17]，塔莊村北有一條東西向的低
凹地帶，村人世代祖傳謂爲尸鄉溝，符合《漢書・地理志》班
固所說偃師尸鄉即湯所都尸鄉的準確地點。這座商城位於今偃
師縣城關鎭（槐廟）的西南約〇・五公里，東南距偃師縣老鎭
（即舊縣城）約四公里，槐廟村在北周年間被稱爲亳邑鄉，從
上文所引孫星衍之考證可知，這座商城的規格據勘查，整體略
作長方形、方向七度（以西城牆爲準）。城址周圍南北一七〇〇
餘公尺，東西最北一二一五公尺，中部七四〇公尺，面積約爲
一九〇萬平方公尺。城址周圍有用土經過夯築的城牆，已探出
東北西三面城牆，但不見南城牆，因而有人認爲這南牆已被洛

---

[17]　中國社會科學院考古研究所洛陽漢魏故城工作隊，〈偃師商城的初步勘探
和發掘〉考古 1984 年第 6 期。

水沖毀。在城內發現有二座宮城，和十處大面積的夯土建築基
址，縱橫交錯的十一條大道，和宮殿下面完善的木石結構的排
水設施等。[18]這些跡象表明這城絕非一般村落遺址而應該是一代
的王都。這座商城築成的時代在發掘過程中所見的主要文化堆
積是屬於二里岡期下層與上層的文化，城址也是開始修築在二
里岡下層文化期的早期。由於上述的三種情形：（1）這商城的
座落地點有尸鄉溝有槐廟村與上文所舉西亳之西亳地望非常符
合。（2）城垣相當廣大，城內有宮城有十處宮殿或宗廟的建築
基址。（3）造成之時代在商早期，使過去主張偃師二里頭遺址
是西亳或二里頭的三四期文化是西亳的考古家們大都認尸鄉溝
的商城才是真正的西亳，是很自然的事。但是對這座商城認為
湯都西亳的看法也不是無人提出異議的，例如鄒衡先生便認為
它是商人太甲被放時的所居的桐宮，在一九八四年發表了偃師
商城即太甲桐宮說一文。[19]

　　我個人的看法新發現的偃師商城以其座落的地點造成的時
代以及城內的佈局而論，被認為是成湯所都被後世傳稱為西亳
是不錯的。鄒氏認為它是太甲被放逐時所居的桐宮是不可信

---

[18]　中國社會科學院考古研究所河南二隊，〈1983 年秋季河南偃師商城發掘
　　　簡報〉，《考古》1984 第十期；〈1984 年春偃師尸鄉溝商城宮殿遺址發
　　　掘簡報〉，《考古》1985 第 4 期。方酉生，〈論偃師商城為湯都西亳〉，
　　　《江漢考古》1987 第 1 期。
[19]　刊載北京大學學報（哲學社會科學版），1984 第 4 期。

的。我在上文所舉的有關西亳的文獻資料，鄒氏並不是不知，但是他主張鄭州商城是湯都亳的時候已認爲這些資料全不可信的，「然而偃師商城卻是實實在在的，不僅其方位和里數同文獻記載大體相符且年代也合於早商時代，這當然不是偶然的巧合」無奈他已不承認這些文獻記載的可信性，只得把這座商城武斷爲成湯孫子太甲所居的桐宮。他所舉的最主要證據是：

一、《史記・殷本紀正義》湯崩條引括地志云：

> 洛州偃師縣東六里有湯塚，近桐宮。

二、《史記・殷本紀正義》桐宮條云：

> 晉太康地記云：尸鄉南有亳阪，東有城，太甲所放處也。按：尸鄉在洛州偃師縣西南五里也。

接著他解釋說：

> 以上唐人關於桐宮所在的兩條記載，里數相近而方位不同，按《括地志》爲初唐的疆域志，其時的偃師縣或在今新砦村一帶，故言縣東。張守節乃開元時人的偃師縣曾遷至今老城鎮（尋按即現在仍存的舊偃師縣城）故云縣西南。故二說所指當爲一地。現在新發現的偃師商城洽在此方位內，且里數亦大體相符。因此偃師商城當即亳阪東之城，即太甲所放處桐宮。

我認爲他的這種解釋完全是牽強附會，不能使人信從。《括地志》所記偃師縣東六里有湯塚近桐宮，這裡桐宮與湯塚的關係完全是孳生於偽孔傳的說法，本不可信，鄒氏自己也知道偃師縣東有湯塚的不可靠，（現在偃師縣的東北山上還有後世偽託的湯

陵）他只有附會新發現的商城就是桐宮。晉太康地記所說：尸鄉南有亳版，東有城，太甲所放處也，所說本來是指三個地點（尸鄉、亳版、太甲城）。太甲被放處（即桐宮）的方位應該與《括地志》所記相同，都是在偃師城的東方只是晉太康地記未言里數。但是，鄒氏硬又附會桐宮即尸鄉溝新發現的商城，並引用張守節注說尸鄉在洛州偃師縣西南五里，不顧太康地記還說尸鄉之東更有一城才是太甲城也是桐宮。因有這些錯誤。所以上舉的鄒氏說法，可云是一無是處，無須詳論。

　　總之，成湯曾都西亳，最早的記載不過是《漢書‧地理志》，但是由春秋時代叔夷鐘銘「虩虩成唐，有嚴在帝所，敷受天命，剪伐夏嗣，敗厥靈師，伊小臣惟輔，咸有九州，處禹之堵」看來，湯滅夏後曾居夏地是很古老的傳說。現在偃師商城的發現，可說是西亳的證實。但是我個人仍然覺得上文所舉的《逸周書‧殷祝篇》、《書序》與《史記‧殷本記》所說湯滅夏後復歸於亳（即南亳）的記載也是可信的。現在偃師商城仍在繼續發掘，能解決這個問題以一般田野考古而言，除非有文字的發現，否則是很難的。

五、結語

　　以上是我探討湯都問題的初步結果，我認為成湯最初所都的亳是後世所謂南亳，湯滅夏以後為了鎮撫新征服的夏土，才在偃師尸鄉修築了一個城池，被後世傳稱為西亳，這種情形與

西周初年，平定東方殷人以後，在今日的洛陽建立了東都洛邑，為鎮撫東方的一個前運指揮所的情形相同。我的說法雖然與某些古人相同，也與現代一些學人相同，但是我相信《史記》、《逸周書》的說法，成湯在征服夏人後仍然回到故都，我們現在不知道他究竟在西亳住了多少時期，但是現代某些考古學家認為湯都西亳未再還都南亳，他們認為由湯傳到仲丁經過五世十王才遷都於南亳，並且由偃師商城內的堆積情形推測，這個城曾被使用了多少年，我個人覺得無此必要，成湯離開這城回到故國舊都，仍須留人駐守，所以這個城內的堆積代表多長時間與它是不是湯都無關。

《董作賓先生九五誕辰紀念集》1988 家屬自印。

高去尋院士簡傳

高去尋先生（1909-1991）河北省安新縣人，北京大學畢業，曾參予著名的安陽殷墟發掘，1949 年來台之後，曾任中央研究院研究員、院士、歷史語言研究所所長，並任台灣大學人類學系教授，美國哈佛大學客座教授等職。是我國著名的考古學家。

本文係編者於 1989 年在中央研究院歷史語言研究所訪問研究時，承高去尋（曉梅）院士親自贈送者，原文印刷錯字頗多，今逐一查對文獻校正，特在此刊出，藉表對高院士的追思與尊敬。

三、湯亳地望與歷史教學

－殷商史尚待解決的問題之一

一、

　　自從清末發現甲骨文以後，迄今已近百年，在這百年的歲月中，甲骨文不僅發展成爲獨立的學術領域，同時也促進了殷商史研究的開展，尤其以甲骨文印證了《史記·殷本紀》所載殷代帝王的譜系，使殷商時代的史事，得到以地下材料印證紙上材料的「二重證據法」[1]之證實，殷商時代也因而被認爲是中國的「信史」，而不再受到任何懷疑。

　　雖然甲骨文的研究取得許多豐碩的成果，殷商史的研究獲得很大的開展，但隨著考古材料的增加，殷商史的舊的問題未得解決，新的問題不斷增加，例如商族的起源問題、殷都屢遷問題、商王朝的國家結構和社會性質問題、青銅農具問題等等皆是顯例。即以甲骨文而言，不可識之字仍占多數，釋字的工作似正遇到瓶頸難以有很大的突破，《史記·殷本紀》所載王亥上甲以上的先公的辨識，至今也陷於停滯的狀態。而湯亳的地

---

[1]　王國維，〈古史新證〉原刊《國學月報》第 2 卷第 8.9.10 號合刊，1925，《王觀堂先生全集》第 6 冊，臺北文華出版公司，1968。王氏所言之「地下材料」僅指甲骨文與金文而已，與今人之「地下史料」概念有別。

望問題的不能解決，更使殷商史的著作及歷史教學受到直接的影響。本文擬對此一問題提出一些淺見，就正方家。

二、

古籍一致記載商湯都於亳，《尚書·序》云：「自契至於成湯，凡八遷，湯始居亳，從先王居。」《逸周書·殷祝解》：「湯放桀而復薄（亳）」，《孟子·滕文公》下篇：「湯居亳，與葛爲鄰」，《史記·殷本紀》：「自契至湯八遷，湯始居亳，從先王居」。但是「湯亳」究位於何地呢？古代文獻沒有指實，自漢代以來，學者對於湯亳的地望，約有以下幾種說法：

杜亳說：

《史記·六國年表》稱：

> 夫作事者必于東南，收功實者常於西北。故禹興於西羌；湯起於亳；周之王也，以豐鎬伐殷；秦之帝用雍州興；漢之興自蜀漢。

太史公的意思，明顯的認爲「亳」在西北地區。東漢許慎的《說文解字》「亳」字條說：「京兆杜陵亭也」，其地在今陝西省長安縣，此爲「杜亳說」。

西亳說：

《漢書·地理志》：「河南郡偃師縣」下，班固自注云：

> 尸鄉，殷湯所都

鄭玄也說：

> 毫，今河南偃師縣有毫亭[2]。

由於 1983 年在偃師縣發現了尸鄉溝「商城」，因此「西毫說」受到學者的重視。北毫說：

《漢書‧地理志》卷二十八「山陽郡薄縣」條，顏師古注引臣瓚曰：「湯所都」，《詩經‧商頌‧玄鳥篇》孔疏引《漢書音義》曰：

> 臣瓚案：「湯居毫，今濟陰毫縣是也」。「毫」與「薄」通。濟陰在今山東省曹縣境。

南毫說：

《史記‧殷本紀》集解引皇甫謐云：

> 梁國穀熟為南毫。

《殷本紀‧正義》引《括地志》云：

> 宋州穀熟縣西南三十五里，毫故城，即南毫，湯都也。

《尚書‧立政篇》：「三毫阪尹」，正義引皇甫謐云：

> 三處之地，皆名為毫，蒙為北毫，穀熟為南毫，偃師為西毫。

以上是有關「湯毫」問題的主要文獻記載。

---

[2]　《尚書‧胤征篇》孔疏引。

三、

近代學者對於湯都亳問題的討論可分兩個方面，一是從文獻記載加以考證，一是根據考古遺址加以推測，分述於下：

一九一五年，王國維著〈說亳〉一文，認爲漢代山陽郡之薄（亳）縣，爲湯都之亳，其地在今山東省曹縣。王氏主張之「曹亳」，長期以來深受學者相信。[3]

一九四三年，董作賓先生出版《殷曆譜》，在「帝辛十祀譜」，及其後所著〈卜辭中的亳與商〉一文裡，根據甲骨文的資料，排列出帝辛十年征人方的每日行程和路線，計由安陽殷都出發往東南行的路程，經過商（大邑商），再往南行二日，便到了亳。「商」就是今日河南省商丘縣，「亳」的地望在今安徽省亳縣內。而在甲骨文中所見的「亳」，董氏認爲只有一個，也就是湯都的南亳，在殷代並無北亳或西亳之名。[4]

陳夢家先生於一九五六年出版《卜辭綜述》一書，根據帝辛征人方路程，認爲「卜辭之亳應在古商丘之南，可能在今穀熟縣的西南方，地名高辛集或與湯從先王居之傳說有關」。[5]

趙鐵寒先生〈殷商群亳地理方位考實〉一文，對於湯都的亳，則從董作賓氏之說，認爲南亳爲「殷商原始之亳，湯所都」，

---

[3] 見《觀堂集林‧卷十二‧史林》。〈說亳〉一文的著作時間，係根據王德毅先生著《王國維年譜》一書之考證。

[4] 董作賓，〈卜辭中的亳與商〉，《大陸雜誌》第 6 卷第 1 期。

[5] 陳夢家，《卜辭綜述》，1956 年初版，1971 年臺北大通書局影印，頁 259。

卜辭言亳，指此一處。[6]日本島邦男著《殷墟卜辭研究》，對於湯都亳的地望，亦從董氏之說。[7]

丁山先生在《商周史料考證》一書中，認為「學者必須探尋成湯的故居，由『韋顧既伐，昆吾夏桀』兩句詩的方位測之，疑即春秋時代齊國的博縣」[8]岑仲勉先生一九八二年著《黃河變遷史》一書，認為各地之亳「皆與商代之亳無關」，「以古史勘古跡，認湯都在現時內黃，實比其他各說最為可據」。[9]

以上係根據文獻材料或對照卜辭，考證湯亳地望的幾種說法，以下再略述根據考古發掘所推測的湯亳地望：

一九五九年徐旭生（炳昶）先生率考古隊至豫西調查「夏墟」，在偃師縣二里頭村發現了著名的「二里頭文化遺址」，徐氏的調查報告認為這處遺址是商湯建都的西亳。[10]

早在一九五〇年代，在河南鄭州發現並發掘了一座早商時代大型的城址，城垣周長 6960 米一般稱為「鄭州商城」，推測

6　〈殷商群亳地理方位考實〉一文收入趙鐵寒著《古史考述》，臺北正中書局印行，1965。

7　島邦男，《殷虛卜辭研究》，溫天河、李壽林中譯本，鼎文書局印行，1975。

8　丁山，《商周史料考證》，香港龍門聯合書局，1960 年初版，中華書局重印，1988。

9　岑仲勉。《黃河變遷史》頁 27，人民出版社 1959 年初版，臺北里仁書局重印，1982。

10　徐旭生〈一九五九夏豫西調查「夏虛」的初步報告〉，《考古》1959 年第 11 期。

它是商王朝的一個重要城邑。北京大學的鄒衡教授力主「鄭州商城」就是湯都的亳，是爲「鄭亳說」。[11]

「鄭亳說」發表後，學者意見頗爲分歧，有人同意此說，有人不以爲然，也有人主張「鄭州商城」應是仲丁（商湯後第九王）所遷的囂都（隞）。[12]一九八三年，考古工作者在河南偃師二里頭遺址東方約五六公里的塔莊村，發現了一座商代城址，總面積約爲一百九十萬平方公尺，城址東西北三面有夯土建築的城牆，城內發現兩座宮城，及縱橫交錯的十一條大道。發掘報告指出，根據已發現的遺跡，顯示這一座城址絕非一般村落，而是一座王都。[13]

偃師商城遺址所在地的塔莊村，村人世代相傳爲尸鄉溝，符合班固在《漢書地理志》裡所說，偃師尸鄉爲殷湯所都之地，

---

[11]　鄒衡〈鄭州商城即湯都亳說〉，《文物》1978 年第 2 期；〈論湯都鄭亳及其前後的遷徙〉《夏商周考古學說論文集》，頁 184-202，文物出版社，1980；〈綜述早商亳都之地望〉，《中國商文化國際學術討論會論文》中國社會科學院考古研究所編印，1995。同意「鄭亳說」的學者如鄭杰祥〈商湯都亳考〉，《中國史研究》1980 年第 4 期；彭邦炯，《商史探微》頁 50，重慶出版社，1988；宋新潮《殷商文化區域研究》，頁 209，陝西人民出版社，1991。分別支持「鄭亳說」及「偃師西亳說」的學者很多，本文略舉其要，無法逐一列出。

[12]　安金槐《試論鄭州商城遺址—隞都》，《文物》1961 年第 4、5 期。

[13]　中國社會科學院考古所：〈偃師尸鄉溝發現商代早期都城遺址〉，《考古》1984 年第 4 期，中國社會科學院考古所河南二隊，〈1983 年秋季河南偃師商城發掘簡報〉，《考古》1984 年第 10 期。

由於得到文獻資料和考古資料的雙重支持，因此偃師商城即被一部分學者認為是商湯所都的「西亳」。[14]

李民先生認為夏商時期有兩都或數都並存的現象，與後世一都獨尊的情況有別，「南亳為商湯最早的都城」、「北亳時為商湯的軍事大本營」、西亳「是在商湯滅夏後，在南亳、北亳之外又建立的一個『亳』都」。[15]

高去尋先生在〈商湯都亳的探討〉一文中，認為「三亳說中，湯都南亳最為可信」。而「偃師商城」的發現可說是西亳的證實，但是《逸周書・殷祝解》、《尚書・序》、《史記・殷本紀》都說湯滅夏後，復歸於亳（即南亳）也是可信的。高先生認為：

> 成湯最初所都的亳是後世所謂南亳，湯滅夏以後為了鎮撫新征服的夏土，才在偃師尸鄉修築了一個城池，被後世傳稱為西亳。這種情形與西周初年平定東方殷人後，在今日的洛陽建立了東都洛邑，為鎮撫東方的一個前進指揮所的情形相同。

主張「西亳說」的學者，認為商湯滅夏之後，即建都於偃師商城，高先生強調的是：文獻記載商湯滅夏之後，「復歸於亳」，

---

[14] 方酉生〈論偃師尸鄉城址為商都西亳〉，《中國商文化國際學術討論會論文》，中國社會科院考古研究所編印，1995；趙芝荃、徐殿魁〈河南偃師商城西亳說〉，《全國商史學術討論會論文集》，殷都學刊增刊，1985。

[15] 李民，《夏商史探索》，頁96-98，河南人民出版社，1985。

所以考古發掘的「偃師商城」，即使印證了文獻記載的西亳，也不能以此否定湯都南亳的史實。[16]

四、

湯亳地望問題，在學術的討論上至今既還得不到一致的結論，反映在歷史著作及歷史教科書中，也就呈現了紛雜的現象，例如郭沫若著《中國史稿》，以「河南商丘」爲湯亳之地。[17]其他歷史著作及歷史教科書似受此書影響者頗多，如張傳璽《中國古代史綱》[18]，王文明、聶玉海主編《中國古代史》，[19]林建法、黎心祥主編《中國古代史》，[20]大陸地區義務教育三年制、四年制初級中學教科書《中國歷史》第一冊[21]，上海高級中學選修課本《歷史》[22]，皆採「河南商丘」之說；但亦有採「山東曹

16　高去尋〈商湯都亳的探討〉，《董作賓先生九五誕辰紀念集》，頁88，董氏家屬自印，1988。又參考本書頁31-51。

17　郭沫若《中國史稿》第1冊，頁159，人民出版社，1976。

18　張傳璽著，《中國古代史綱》，頁42，北京大學出版社，1986。

19　王文明、聶玉海主編，《中國古代史》，頁34，河南大學出版社出版，1988。

20　林建法、黎心祥主編《中國古代史》，頁41，上海社會科學院出版社，1987。

21　人民教育出版歷史編輯室編著，《中國歷史》第1冊（試用本），頁25，人民教育出版社出版，1990。

22　中小學課程教材改革委員會編，《歷史》（實驗本），頁11，上海教育出版社出版，1997。

縣」之說者，如王明閣《先秦史》[23]，白壽彝主編《中國通史綱
要》[24]，上海復旦大學編《中國通史》[25]，楊檀等編《中國古代
史》等書[26]。自五十年代以來，在台灣地區出版的歷史著作及中
學歷史教科書，則多採董作賓「安徽亳縣」說，如傅樂成《中
國通史》[27]，陳致平《中華通史》[28]，以及國民中學（初中）、
高級中學《歷史》教科書可爲代表[29]，另外，蕭璠《先秦史》除
了採「安徽亳縣」說之外，還大略提及了「鄭州商城」[30]。

　　以上各書對於湯亳地望的態度，其共同的特點就是採用文
獻考證的說法，除蕭璠先生外，皆未涉及考古發掘的新說。

　　歷史著作須採納考古新材料，及學者研究成果已成爲各界
人士的共識，對於先秦史而言，尤爲需要。但就湯亳地望的考
定而言，考古發掘的「鄭州商城」與「偃師商城」的規模，皆

23　王明閣《先秦史》，頁 108，黑龍江人民出版社出版，1983。

24　白壽彝主編《中國通史綱要》，頁 61，上海人民出版社，1994。

25　《中國通史》，復旦大學出版社出版，1986。

26　楊檀、蔣福亞、田培棟主編《中國古代史》，頁 29，光明日報出版社，
　　1988。

27　傅樂成《中國通史》，頁 14，大中國圖書有限公司，1963 年再版。

28　陳致平《中華通史》第 1 冊，頁 149，黎明文化事業股份有限公司，1974
　　年初版。

29　國立編譯館主編、王仲孚編輯：高級中學《歷史》第 1 冊，以湯居之亳作
　　「安徽亳縣」但加註釋云：「關於亳都的地理位置，各家看法不一致。董
　　作賓主張在安徽亳縣，王國維則主張在山東曹縣。近年來，考古學家更有
　　主張在河南鄭州及河南偃師等不同的意見。」見該書頁 12-14，1984 年初
　　版。

30　蕭璠《先秦史》，長橋出版社，1979。

似一代王都，兩派學者各自堅持其爲湯亳的理由而相持不下，因此從事商史寫作的學者爲了調合二說，認爲商湯滅夏後先建「偃師商城」，即後世所謂的「西亳」，「此後不久，又在鄭州建立一座規模更大的『鄭州商城』，這一座大城建立後不久，其統治中心則移到『鄭州商城』，其地名仍稱『亳』。」[31]

有些歷史著作則除了採「河南商丘」之外，亦兼採「鄭亳說」及「偃師西亳說」。例如詹子慶編《先秦史》[32]，對於湯都亳問題作如下的處理：「成湯建立了商朝，定都於亳（今河南商丘，或說今鄭州），亦說建都於西亳（今河南偃師）。」又如余天熾主編的《中國古代史》一書[33]，說「成湯定都於亳（今河南商丘，或說今鄭州），一說建都於西亳（今河南偃師）。」可見學者在面對這個問題時，由於沒有最後的結論，爲了顧及新說，又不能放棄舊說，因此不得不做如此的處理，這種苦心固值得諒解，但並無助於問題的解決。

五、

由於古代文獻記載湯亳的地望，不夠明確，而近代學者的研究，不論依據文獻材料或考古材料，至今都沒有得到最後一致的結論，因此，有關殷商史的著作或歷史教科書的編輯，也就缺少具體的材料可資依據，學者不得已，只好在眾說紛紜中

31　孫淼，《夏商史稿》，頁344-355，文物出版社，1987年。
32　詹子慶，《先秦史》，遼寧人民出版社，1984。
33　余天熾主編，《中國古代史》，廣東高等教育出版社，1985。

選擇其中一種，或兼採數說，甚至也有略而不提似有刻意迴避的現象。

　　商湯都毫在先秦史、中國通史以及中學歷史教科書中雖然只佔三言兩語的位置，但卻無法避而不談，在研究生的教學中，還可以把各家之說並列作為討論的基礎，暫不作結論，但在大學中國通史、或中學歷史教科書中，必須以明確的態度，採取一說，這就面臨了極大的困惑，而根本的原因是由於這一問題並沒真正的解決。

　　在甲骨文發現正達一百週年之際，殷商史的研究有待解決的問題仍多，但對於一個歷史教學工作者而言，湯毫地望的確定，尤感迫切。[34]

　　甲骨文發現一百週年學術研討會論文集 1898-1998，
　　台灣師範大學國文系主辦，民國八十七年五月

---

[34]　筆者在十年前即甲骨文發現 90 週年時，曾撰短文一篇，〈商湯都毫的地望〉即已提及此一問題，參見《國語日報》1989 年 9 月 27 日《史地週刊》，收入《歷史教育論文集》頁 543-549，商鼎文化出版社，1997。

附：李壽林：《史記殷本紀疏證》簡介

鼎文書局印行

民國 65 年

　　《史記殷本紀》是研究《殷商史》的重要文獻，本書則是研究〈殷本紀〉的重要著作。

　　司馬遷撰《史記》首創「紀傳體」，以「本紀」記載帝王。但自〈秦始皇本紀〉以上的五個「本紀」：〈五帝本紀〉〈夏本紀〉〈殷本紀〉〈周本紀〉〈秦本紀〉，都不只記載一個帝王。以記載殷商歷史的〈殷本紀〉而言，記載了殷代的帝王自帝嚳至示癸十四代十四王，是爲成湯建國前的「先公先王」自成湯建國至帝辛覆亡共十七代三十王。實際上〈殷本紀〉記載了商族約一千年興亡的歷史。

　　〈殷本紀〉僅約三千字左右，記載約一千年的殷商史，自不免有簡略、疏漏或謬誤之處，歷代加以註釋、補充說明者，不乏其人，例如《史記三家注》：南朝宋裴駰〈集解〉、唐司馬貞〈索隱〉、唐張守節〈正義〉最爲讀者所熟習。

　　自甲骨文發現後，王國維以甲骨證明〈殷本紀〉之第九代先王「振」即甲骨文中的「王亥」，〈殷本紀〉「振」之子「微」，即甲骨文中的「上甲」，文獻亦稱「上甲微」。自上甲微以下、六代先王一史稱「上甲六示」都得到了甲骨文的印證。

　　《史記殷本紀疏證》一書，依據甲骨文「五種祭祀」嚴密的「祀譜」還原〈殷本紀〉記載之全部商王名號，再以甲骨文資料配合文獻資料，逐一考據其史實，補充疏漏，糾正謬誤。這是「二重證據法」的實踐成果，使〈殷本紀〉得到直接史料的充實，也使本書成為研究殷商史不可或缺的著作。至於此書之研究，須具有甲骨學之專業，自不待言。

作者簡介：

　　李壽林，台灣台南人，從台灣師大魯實先先生受業，並向台大金祥恆先生問學，在淡大中文系講中國古文字學多年。所撰《史記殷本紀疏證》，金先生在台大中文研究所講授甲骨學，便以斯編做為輔助教材，持續不斷者十餘年；大陸甲骨學者宿胡厚宣先生 1987 年間在上海復旦大學演講王國維的二重證據法，全文刊登於華東師範大學 1988 年《歷史教學問題》第 3 期，說「李壽林寫《史記殷本紀疏證》，是以甲骨金文印證文獻的名著。」

甲骨學新書簡介（一）

書名：甲骨文的由來與發展

作者：謝玉棠

出版：山東人民出版社

時間：2011 年 7 月

內容簡介：

本書共分 10 章 396 頁，另附圖片 27 頁、導論及參考書目。

各章名稱如下：

第一章：甲骨文的發現—遠古科學的揭密

第二章：甲骨文發現的意義

第三章：甲骨文應為整個商代文字的思考

第四章：探尋甲骨文的源頭之一—夏文字芻議

第五章：探尋甲骨文的源頭之二—堯舜禹時代陶文的發現與研究

第六章：探尋甲骨文的源頭之三—炎黃時代的陶文及倉頡造字的可信性淺析

第七章：漢字的演變（上）—從甲骨文到小篆

第八章：漢字的演變（下）—從隸書到現代漢字

第九章：漢字在世界上的地位、作用及影響

第十章：當今甲骨文研究的進展與前景

簡評：本書係以現在已發現的甲骨文為「據點」，向上以多元途徑探尋甲骨文的源頭，向下論述從甲骨文到現代漢字發展的過程。作者好學深思，分析透闢，徵引詳實，行文具有思維性，論述內容具有啓發性，是一部論述甲骨文的專書，非一般泛泛之論可比，應予較高的評價。

四、殷末的黨爭與覆亡

　　談到中國歷史上的黨爭，大家總會想到漢、唐、宋、明幾個朝代。事實上，遠在三千多年前的商代末年，就發生過激烈的黨爭，雖然在古代文獻裡，並沒有出現商朝「黨爭」這類的字眼，但是黨爭的史實，卻是斑斑可考。筆者在十幾年前，曾撰寫〈殷商覆亡原因試釋〉一文，為探討具有千餘年歷史的文化大邦殷商，何以被渭水流域上游的「小邦周」所滅時，首先指出「黨爭」是殷商覆亡的重要原因[1]。

　　黨爭會造成國家的衰亡或朝代的結束，幾乎成為無可避免的歷史規律；殷商黨爭的結局，也沒有跳出這歷史規律之外。所以我們談殷商的黨爭，可從殷商的覆亡說起。

　　殷紂王的罪惡傳說，使他成為暴君的典型。其真實性固有令人懷疑處，卻未必是「千載積毀」。究其實，則與殷商的黨爭和覆亡具有密切的關係。

　　根據先秦兩漢的文獻記載，殷紂王是一個殘暴不仁的國君。他只顧個人享樂，不管人民的死活，又信任小人，殘害忠良，與夏代的亡國之君桀的行為相似，所以歷史上常常桀紂並稱，一般也以殷商之亡，罪在紂王。

---

[1]　台灣師大《歷史學報》第十期，民國 71 年 6 月。

　　殷紂王的罪惡，傳說極多，從戰國到漢代，已累積達七十事之多[2]，但大多環繞著生活侈靡、殘害忠良這兩個主題。例如《管子・七臣七主篇》云：「昔者桀紂⋯⋯馳車千駟不足乘，材女樂三千人，鐘石絲竹之音不絕，百姓罷乏，君子無死，卒莫有人，人有反心，遇周武王，遂為周氏之禽。」《史記・殷本紀》對於紂王的生活腐化和殘殺直諫之臣有以下三段的描述：

> （紂）好酒淫樂，嬖於婦人。愛妲己，妲己之言是從。於是使師涓作新淫聲，北里之舞，靡靡之樂。厚賦稅以實鹿台之錢，而盈鉅橋之粟。益收狗馬奇物，充仞宮室。益廣沙丘苑台，多取野獸蜚鳥置其中。慢於鬼神。大聚樂戲於沙丘，以酒為池，懸肉為林，使男女倮相逐其間，為長夜之飲。

> （紂）以西伯昌、九侯、鄂侯為三公。九侯有好女，入之紂。九侯女不憙淫，紂怒，殺之，而醢九侯，鄂侯爭之彊，辨之疾，並脯鄂侯。西伯昌聞之，竊嘆。崇侯虎知之，以告紂，紂囚西伯羑里。

> 紂愈淫亂不止⋯⋯比干曰：「為人臣者，不得不以死爭。」迺強諫紂。紂怒曰：「吾聞聖人心有七竅。」剖比干，觀其心。

　　紂王除了殘害直諫之臣以外，還以酷刑對待大臣及一般人民。《呂氏春秋・過理篇》記載紂王曾經「刑鬼侯之女而取其環，截涉者脛而視其髓，殺梅伯而遺文王其醢。」《列女傳》云：「膏銅柱，下加以炭，令有罪者行焉，輒墜炭中，妲己笑，名曰炮

2　參見顧頡剛：〈紂惡七十事的發生次第〉一文，《古史辨》第 2 冊。

烙之刑。」此外，則是信任姦邪小人，例如善訣的費中和善讒的惡來，都受到了重用。

紂惡的傳說，使他成爲歷史上典型的暴君。真實的情形是否如此呢？春秋時代的子貢已表示了懷疑的態度。《論語・子張篇》記載子貢的話說：「紂之不善，不如是之甚也，是以君子惡居下流，天下之惡皆歸焉。」《列子・楊朱篇》稱：「天下之善，歸之堯舜；天下之惡，歸之桀紂。」《淮南子》的作者也認爲「桀紂之謗，千載之積毀也。」[3]

雖然如此，紂王爲殷商亡國之君，則是歷史的事實。歷史文化悠久的「大邦殷」，何以會亡在他的手裡呢？有關他的罪惡傳說，是否都是「千載之積毀」呢？孟子認爲紂王爲「一夫」，不承認他的國君地位，又認爲武王伐紂是「以至仁伐至不仁」（《孟子・盡心下篇》）也不見得就是「主觀」和「情緒話」。東漢王符在其所著《潛夫論・慎微篇》裡說：「湯武非一善而王也，桀紂非一惡而亡也。」清代學者崔述在《考信錄》一書中，根據《尚書》〈牧誓〉、〈微子〉諸篇，認爲紂之不善，可約爲五端：一曰聽婦言，二曰酗酒，三曰怠祀，四曰斥逐老成，五曰用險邪小人。筆者也曾考察過紂惡的傳說，認爲值得注意的有三項：一是不敬謹祭祀祖先，不肯事奉上帝；二是殘害直臣，棄親用邪；三是生活奢靡，不恤民生。這些現象進一步探討，可以發現它與殷商的黨爭與覆亡，具有密切的關係。

3　見《淮南子・繆稱訓篇》。

　　殷代自湯後第 24 王祖甲時，所實行大規模改革，尤其是對傳統祀典的修訂，影響及王位繼承的資格，且剝奪部分人在祭祀和政治上的權利，遂由此引發新舊兩派政爭。

　　殷末的黨爭，應是由於祖甲的改革而種因的。反應在紂惡傳說的上述許多現象，也是由於改革導致的黨爭所發生的現象，因為紂是亡國之君，所以也都成了紂的罪惡。

　　讀史的人知道，殷人是一個富於進取，重視維新的民族，《尚書・盤庚上篇》記載一位名叫遲任的殷代賢人說：「人惟求舊，器非求舊，惟新。」《大學》引〈湯之盤銘〉曰：「苟日新、又日新、日日新。」考古學家李濟之先生指出：商文化「是一種充滿活力和生命力的文化」[4]。

　　一個富於維新的民族，在面對問題的時候，必是勇於改革的。根據甲骨學者的研究，殷商在第二十四王祖甲的時候，便實行過一次大規模的改革，其中如文字的更易，將（王字從太改作王，便是一例；卜事的整頓，武丁時代的卜事過於浮濫，因此將有關征伐、求年、受年、風雨、胎孕、疾病死亡一類涉及迷信的卜事，多加以廢除；曆法的改革，例如改一月為正月，閏月置於當閏之月，而不於月終置十三月，繫干支於太陰月，月名上加一「在」字，如甲子日下記月名稱：「在二月」，以明

4　李濟，《中國文明的開始》萬家保中譯本，台灣商務印書館印行，1970，
　　頁 14。

此「甲子」屬於「二月」[5]。而影響最大的改革，則是祀典的修訂。

殷商的祀典，受祭者本來包含上甲（成湯之六世祖）以前的先公遠祖，如高祖夔、王亥、王恒、王季等。上甲以後的先公和先王，則祀大宗不祀小宗，大宗的配偶入祀典的不及五世以上的先妣、祖妣之外，兼祀先臣和山川社稷，例如黃尹、咸戊、以及岳、河、土等，是為舊派；祖甲改革的祭祀，則始於先公近祖的上甲，不祭祀上甲以前的先公遠祖。從上甲開始，「一世一人為大宗，大宗的配偶自示壬（成湯祖）配妣庚始，凡有子繼承王位之先妣，皆入祀典，小宗則依據繼位先後或曾立太子者（祖己）均入祀典。」[6]是為新派。就祭祀的種類而言，舊派所舉行的祭祀如御、口、冊、帝、交、告、求、視等八種為新派所不舉行，而新派另訂祀典五種：彡、翌、祭、壹、酓。

在舊史中，有關祖甲的記載有兩種截然不同的評價。《尚書‧無逸篇》述周公的話，認為祖甲「能保惠於庶民，不敢侮鰥寡」，但《國語‧周語》說：「玄王勤商，十有四世而興，帝甲亂之，七世而殞。」韋昭注云：「帝甲，湯後二十五世也，亂湯之法，至紂七世而亡。」〈殷本紀〉云：「帝甲淫亂，殷復衰。」這兩種極端相反的評論，就是由於祖甲的革新的黨魁，新派「政黨」當然稱其「賢」，舊派「政黨」當然斥其「亂」。從現代人

---

[5]　參見董作賓《甲骨學六十年》，台北藝文印書館，1965，頁114。
[6]　同上註，頁103-104。

的眼光來看，祖甲不惜廢除祖宗成法所做的大規模改革，具有
非常的魄力，所以甲骨學者董作賓先生稱其爲「殷代的革命政
治家」。[7]

　　殷商從盤庚（成湯後第十九王）遷殷到紂王覆亡，凡二百
七十三年（依董作賓先生說，自西元前一三八四年至西元前一
一一一年），中間經祖甲的改革，形成了新舊兩派，可分爲四個
階段：盤庚、小辛、小乙、武丁、祖庚等爲舊派，遵循古法；
祖甲、廩辛、康丁爲新派，實行新法；武乙、文武丁則爲舊派，
恢復舊法；帝乙、帝辛（紂王）又爲新派，恢復新法。新舊兩
派互相起伏，爲時一百六十多年之久。（據董作賓先生的意見，
祖甲改革祀典約在西元前一二七三年，至西元前一一一一年牧
野之戰殷亡，凡一百六十二年之久）

　　祖甲的改革打破了以往的傳統，據甲骨學者胡厚宣先生的
研究，「殷人本爲一祖一廟，自祖庚、祖甲以後，始有合祭上甲
至於多後之辭，自廩辛、康丁始見合祭之廟，名曰大宗、小宗。
大宗者，大廟也，合祭直系先祖之所也，小宗者，小廟也，合
祭旁系先之所也」[8]。這樣的改革，無異也影響到王位繼承的資
格，而且也會剝奪一部分人在祭祀上和政治上應享的權利，這
也等於降低了一部分人的社會地位，其由此而形成新舊兩派激
盪，引發政爭，是可以想見的。

7　董作賓〈殷代的革命政治家〉，《平廬文存》卷三，頁 262-267，藝文印
　書館，民國 52 年。

8　胡厚宣，〈殷代婚姻家族宗法制度考〉，《甲骨學商史論叢初集》上冊，
　台北大通書局影印本，頁 143。

　　殷紂王時，新舊派於觀念和作為上不能相容，新舊派於觀念和作為上不能相容，黨爭愈演愈烈，加上紂王以殘酷手段對付反對者，任用讒諛小人，使殷國內部充滿矛盾。

　　殷商最末一位國王帝辛，也就是「罪惡多端」的殷紂王，是經過武乙、文武丁復古以後的新派。在兩度政潮起伏之後，舊派與新派至殷末的對立似乎日趨尖銳；舊派對於新派的許多措施或作為加以強烈指責，自屬常情。由於帝辛為亡國君，因而許多「罪惡」被後人保留在文獻之中，這些「罪惡」的傳說，以現代的眼光透過「黨爭」的角度來看，則不難得到如下的認識：

一、所謂不祭祀祖先，不事奉上帝，顯然是因為新派改革祀典，不祭祀上甲以前的先公遠祖，不祭祀山川社稷，而遭到舊派的攻擊，應係周人及舊派的指斥。

二、所言殺害直臣，任用小人，似是新舊派「黨爭」愈演愈烈的現象。大約紂王對於反對他的某些人物採取了激烈的手段對付。

三、關於紂王生活侈靡，驕奢淫逸，不恤民生，可能是紂王在物質生活上的享受，超過了當時一般臣民，也或許是新舊兩派在生活的態度上，產生了嚴重的「認知差距」。在距離氏族社會未遠的殷代，傾向保守的殷人會認為紂王的生活享受，與一般臣民不同，違背了氏族社會的平等精神，因而加以指責，視為「罪惡」，自然也就站在反紂的一邊。《左傳‧昭公二十四年》記載長弘引〈泰誓〉曰：「紂有億兆夷人，離心離德。」這反映了殷商王國內部充滿了矛盾，殷

人對紂王失望和不滿。以上的情形，無異爲殷末的黨爭提供了條件。

從文獻材料來看，殷末到了紂王時代，新舊黨爭的現象，更爲明顯而激烈，直接導致了殷商的覆亡。

甲骨文的材料證明，殷紂王屬於新派。而根據文獻史料，除了記載紂王許多罪惡之外，也可以看出他是一位自負才氣、剛愎自用的人。《史記‧殷本紀》稱紂王「資辯捷疾，聞見甚敏，材力過人，手格猛獸，知足以拒諫，言足以飾非，矜人臣以能，高天下以聲，以爲皆出己之下」，就是很好的寫照。

殷末的激烈「黨爭」，有些是自祖甲改革以來留下來的歷史因素，例如不重視祖先的祭祀、不肯事奉上帝，這應是舊派對新派的指責。現世生活的態度，以及對祭祀的態度和信仰上，舊派與新派更是在觀念和作爲上不能相容；黨爭另一直接的原因，則應是紂王強硬作風所激發的。例如鄂侯與紂「爭之強、辯之疾」，九侯也不與紂王合作，比干則「強諫紂」，紂王則採殘酷的手段對付：醢九侯、脯鄂侯、剖比干而視其心。在人事方面，紂王所任用的崇侯虎、「善諛」的費中，「善讒」的惡來，應屬「馬屁」一派的小人物；而與紂王理念不合的人物，則多遭疏遠或放逐，如〈殷本紀〉云：「商容，賢者，百姓愛之，紂廢之。」《韓詩外傳》稱：「商容欲以化紂而不能」就憤而上了太行山，以行動與紂對抗，反應了黨爭的激烈。

激烈的黨爭使殷商末年社會混亂，人心渙散，紀綱廢弛，倫常淪喪，終導致覆亡的悲劇。

　　殷商末年，社會混亂，紀綱廢弛，作姦犯科，貪贓狂法，即使公然犯罪的人，也不會受到制裁，有識之士感到悲觀與失望。《尚書‧微子篇》記載微子的話說：「小民方興，相為敵讎，今殷其淪喪，若涉大水，其無津涯。」意思是說，現在殷國人民普遍興起，兩派互相仇視對抗，如今殷國恐怕就要淪亡了；我們如同面臨一條大河，既無渡口，也無岸邊，如何渡得過去呢？殷國的滅亡，就在眼前了。微子的話，說出了殷末人心的徬徨與無奈。而這些現象的發生，應是激烈的黨爭所造成的。因為黨爭會造成人們喪失共同的信仰，也會失去共同的是非標準，因此也就人心渙散，此理古今皆然。

　　從殷末的歷史發展來看：微子對紂王於數諫不聽之後，逃離了殷國；箕子恐懼黨爭惹禍上身，便「佯狂為奴」，紂王還是把他關了起來；「內史向摯見紂之愈亂迷惑也，於是載其圖法，出亡於周。」（《呂氏春秋‧先識覽》）；甚至連殷的太師、少師、也拿了「祭樂器」逃奔周國去了（《史記‧殷本紀》）。這時的商王國，由於激烈黨爭，已使內部面臨瓦解，呈現分崩離析之勢，因此給予西方久蓄「翦商」之志的周人以可乘之機，乘著紂王「淫亂不止」，出動「兵車三百、虎賁三千、甲士四萬五千」伐紂，於牧野一戰，大敗紂軍，決定了殷亡周興的命運。

　　《呂氏春秋‧慎大覽》記載了一則故事說：武王勝殷以後，捉到了兩個商朝的俘虜，問他們說：「你們殷國有妖怪嗎？」其中一個俘虜說：我們殷國最大的妖怪是「子不聽父，弟不聽兄，君令不行。」《淮南子‧泰族訓》的作者認為：「湯以殷王，紂以殷亡，非法度不存，紀綱不張，風俗壞也。」殷末這種紀綱

敗壞，倫常淪喪的現象，應是長期黨爭累積的結果，終於導致國家的覆亡。

當代學者在論及殷商的覆亡時代原因時，大多從帝辛伐東夷，消耗國力太大，殷紂王生活侈靡腐敗，及殷末社會的階級矛盾等角度立說，例如：郭沫若氏在《奴隸制時代》一書中指出：「周人所以能克商，大約是由於殷人在帝乙、帝辛兩代以全力經營東南，流血過多，再者殷人嗜酒，生活恐怕也相當腐化了。」孫淼先生《夏商史稿》一書則認為「商王朝滅亡的原因，是由於社會上各種矛盾的日益激化，其中包括階級矛盾、統治集團內部矛盾以及商王朝與周圍各族、各方國之間的矛盾。」[9] 這些觀點，固然也可以作為殷商覆亡的一種考察，但本文通過「黨爭」的角度加以分析，則使此一問題的輪廓似乎更能清晰的浮現了出來。

《呂氏春秋·審應覽》稱：「國久則固，固則難亡。」我們考察殷商覆亡的歷史悲劇，似未必然。殷商以一千多年的文化大國，竟被「小邦國」所滅，原因固多，而「黨爭」應是其最直接的原因。自十九世紀末葉，中國人的黨爭也連綿不斷地進行了一百多年，殷鑒雖遠，能不戒懼乎？

《歷史月刊》第 70 期，民國 82 年 11 月

---

[9] 孫淼《夏商史稿》，頁 687，文物出版社，1987。

附：商代王位繼承問題的不同意見

1.王國維，〈殷周制度論〉《觀堂集林》，商代無宗法制度，王位
　之繼承以弟及為主，而以子繼輔之，無弟然後傳子。

2.陳夢家，〈卜辭綜述〉，（北京中華書局 1988）子繼與弟及並重，
　並無主輔之分。

3.丁山，〈殷商的氏族與社會〉，（北京中華書局，1988）
　　　康丁以前，兄終弟及；康丁以後，「少子直接繼承」即：
　　　「季子繼承法」。

4.趙錫元，《趙錫元史學論集》，（黑龍江人民出版社，2009）
　　　幼子繼承制。

5.張光直，《商王廟號新考》（《中國青銅時代》，聯經 1972）
　　　兩組輪流繼承制。

6.鄭宏衛，〈商代王位繼承之實質—立壯〉（《殷都學刊》，1991
　年第四期。）

7.常玉芝，〈論商代王位繼承制〉（《夏商文化國際學術研討會》，
　中國社科院歷史所 1991。）
　　　商代已有嫡庶之分，嫡長子是王位法定繼承人。

甲骨學新書簡介（二）

書名：新中國甲骨學六十年

作者：王宇信

出版：中國社會科學出版社

時間： 2013 年 11 月

內容簡介：

　　本書共 677 頁，分上下兩篇 18 章。另附：小引：介紹「1899-1949 年甲骨學形成與發展的回顧」、附圖 58 幅以及參考書目。

　　（限於篇幅，各章名稱省略）

　　上篇：甲骨學深入發展階段（1949-1978 年）

　　下篇：甲骨學全面深入發展階段（1978 年至今）

簡評：本書把甲骨文從清末發現、研究，至今約 100 餘年的發展過程，作了有系統的介紹。並以 1949 年做爲分界點，1949 年以前僅作簡單的回顧，1949 年以後的 60 年，作爲本書著述內容的重點。包括新資料的出土、新的研究成果與著作、甲骨學與其他學科的結合與創新，作了全面性的記述，對於甲骨學與殷商史的教學與研究，提供了重要的資訊，是一部最新的甲骨學著作，值得學界重視與參考。

五、從《尚書‧微子篇》看殷商的覆亡

提要

　　《尚書‧微子篇》記載微子和父師、少師的對話，顯示殷末社會動蕩不安，商王國面臨崩潰的邊緣，其中所述各種現象，如沉酗於酒、官吏貪汙腐敗，不重視祭祀及排斥老成人，應屬事實，其中「小民方興，相爲敵讎」二句尤顯示社會混亂的嚴重性。

　　該篇雖爲後人述古之作，但作爲見証殷亡前夕的史料，應是一篇值得重視的古代文獻。

一、

　　微子是殷商末年的賢臣，[1]孔子稱他與箕子、比干爲殷末的「三仁」，[2]依據《呂氏春秋》和《史記》的記載，微子是紂王

---

[1]　《孟子‧公孫丑上》云，「紂之去武丁未久也，其故家遺俗、流風善政，猶有存者；又有微子、微仲、王子比干、箕子、膠鬲，皆賢人也」《漢書‧古今人表》將微子列為「上中」，與伊尹、盤庚、武丁列為同一等級。

的「庶兄」，[3]因鑒於紂王「淫亂不止」、「數諫不聽，乃與大師少師謀，遂去」。[4]「大師、少師」《尚書・微子篇》作「父師、少師」。[5]這篇文獻的主要內容亦見於《史記・宋微子世家》，文字雖有出入（參附錄），但主要是記載微子與父師、少師的對話，學者對於這篇文字的著成時代則意見不一，但多傾向是後人述古之作。[6]雖然如此，我們仍可從其內容中，窺見殷末的亂象，並據以析論殷商的覆亡原因。

2　《論語・微子篇》，「微子去之，箕子為之奴，比干諫而死。孔子曰，『殷有三仁焉。』」

3　《呂氏春秋・仲冬紀・當務篇》，「紂之同母三人，其長曰微子啟，其次曰中衍，其次曰受德。受德乃紂也，甚少矣。紂母之生微子啟與中衍也尚為妾，已而為妻而生紂，紂之父、紂之母欲置微子啟以為太子，太史據法而爭之曰有妻之子，而不可置妾之子。紂故為後。」；《史記・殷本紀》稱：「帝乙長子曰微子啟，啟母賤，不得嗣。少子辛，辛母正后，辛為嗣。」；《史記・微子世家》「微子開者，殷帝乙之首子而帝紂之庶兄也。」

4　《史記・殷本紀》稱：微子「數諫不聽，……遂去」；《論語・微子》稱「微子去之」。「遂去」、「去之」，一般註者多據此認為微子「去殷如周」。清劉寶楠《論語正義》曰，「微箕皆有封國，還仕王朝為卿士。此諫紂，俱不聽，微子乃去其位」，「復其位者，復其微子之位也」。《新編諸子集成》第1冊，頁386，世界書局印行。

5　《史記・周本紀》：「太師疵、少師彊抱其樂器而奔周」。「太師」應即《尚書・微子》之「父師」。

6　屈萬里《尚書集釋》認為「本篇文辭淺易，蓋亦戰國時人述古之作也」，《屈萬里全集》第2冊，頁105，聯經出版事業公司印行，民國72年初版；吳璵《新譯尚書讀本》：「本篇乃述殷將滅亡，微子未知如何去何從，而謀之與父師箕子及少師比干之事。文辭淺易，蓋亦非當時之作品也」，三民書局印行，頁71，民國66年11月初版。關於《尚書・微子篇》的著成時代，學者之間的意見並不一致，陳夢家《尚書通論》亦認是戰國時代的

二、

〈微子篇〉一開始，便記載了微子向父師、少師表示，自己對商朝的失望和悲觀，微子說：

> 父師、少師，殷其弗或亂正四方。

這話是說：「父師呀！少師呀！殷朝恐怕沒有能力領天下走到正路上去了。」[7]微子悲觀的理由是甚麼呢？他接著說：

> 我祖厎遂陳於上，我用沈酗於酒，用亂敗厥德於下。

這話的意思是：「我們祖先已有很好的成就表現於前代，而我們後人卻整日沈醉於酒，破壞了祖先們好的操行於後世」，[8]以下微子舉出了殷末混亂的具體事例：

> 殷罔不小大，好草竊姦宄
>
> 卿士師師非度
>
> 凡有辜罪，乃罔恆獲
>
> 小民方興，相為敵讎
>
> 今殷其淪喪

著作；李泰芬《微子正訛》認為作於西周中葉的宋人；張西堂《尚書引論》認為成於東周出於春秋末年；蔣善國《尚書綜述》則認為是「周初追記的」。以上參考蔣善國，〈西伯戡黎和微子的著作時代〉，《尚書綜述》，頁211-212，上海古籍出版社，1988年3月。

[7] 白話譯文採自吳璵《新譯尚書讀本》，三民書局印行，頁73，民國66年11月初版。

[8] 同上。

> 若涉大水，其無津涯
>
> 殷遂喪，越至于今

接著，微子請父師、少師指點，究竟應該離去呢？還是留下來隱遁終老？父師指出：老天要降給殷國大災大難了，現在的殷國，政治、社會一片混亂，況且紂王也隨時會加害你，殷國的滅亡，就在眼前，所以你趕緊逃走吧！〈微子篇〉的文句如下：

> 父師若曰：王子！天毒降災荒殷邦，方興沈酗于酒。
>
> 乃罔畏畏，咈其耇長、舊有位人。
>
> 今殷民，乃攘竊神祇之犧牷牲，
>
> 用以容，將食無災。
>
> 降監殷民，用乂；讎斂，召敵讎不怠。
>
> 罪合於一，多瘠罔詔。
>
> 商今其有災，我興受其敗。
>
> 商其淪喪，我罔為臣僕。
>
> 詔王子出迪，我舊云刻子；
>
> 王子弗出，我乃顛隮。
>
> 自靖，人自獻于先王，我不顧行遁。

依據《尚書‧微子》的記載，父師、少師力勸微子出走，但自己並不作出走的打算。微子是否出走了呢？《史記‧宋微子世家》載武王伐紂時，微子「肉袒」、「膝行」，以令人悲憫的

姿態親自向武王請降，[9]似乎並沒有出走，倒是父師、少師卻投奔周朝去了。《史記・周本紀》：「居二年（武王即位之第十一年），聞紂昏亂暴虐滋甚，殺王子比干，囚箕子。太師疵、少師彊抱其樂器而奔周。」〈殷本紀〉亦稱：「殷之大師、少師乃持其祭樂器奔周。」這太師、少師，應是《尚書・微子》的父師、少師，皇侃《論語疏》引鄭玄之說，以父師為箕子，少師為比干，應不足採信。[10]

　　除了「太師疵、少師彊」帶著其掌管的「樂器」或「祭樂器」奔周以外，「殷內史向摯見紂之愈亂迷惑也，於是載其圖法，出亡之周」，所以《呂氏春秋》的著者認為「凡國之亡也，有道者必先去，古今一也。」[11]這些殷朝的重臣，投奔周朝之時，都攜帶著殷朝的國家機密資料和禮器，這足以顯示殷商王朝內部的分裂，瀕臨崩潰的邊緣。

9　《史記・宋微子世家》，「周武王伐紂克殷，微子乃持其祭器造於軍門，肉袒面縛，左牽羊、右把茅，膝行而前以告。於是武王乃釋微子，復其位如故。」

10　參屈萬里《尚書集釋》，頁105-106，聯經出版事業公司，民國72年2月初版。

11　見《呂氏春秋・先識覽》。《呂氏春秋》的著者指出，「夏桀迷惑，暴亂愈甚，太史令終古乃出奔如商。……殷內史向摯見紂之愈亂迷惑也，於是載其圖法，出亡之周。武王大說，以告諸侯曰，「商王大亂，沈于酒德，辟遠箕子，爰近姑與息，妲己為政，賞罰無方，不用法式，殺三不辜，民大不服，守法之臣，出奔周國。」高誘注「殺三不辜」云：「剖比干之心，折材士之股，刳孕婦而視其胞」新編《諸子集成》第7冊，頁179。

三、

　　《尚書‧微子篇》所述的微子與父師、少師的對話中，表現了殷末的亂象，分析這些亂象的內容，我們可以從中觀察到殷商覆亡的原因之一是酗酒淫亂。

　　在先秦的文獻中，記載殷紂之時，有「糟丘酒池」、「登糟邱，臨酒池」，[12]《史記‧殷本紀》稱紂王「以酒爲池，懸肉爲林，使男女倮相逐其閒，爲長夜之飲」，這些記載反映了「酗酒」之風已成殷末社會的普遍現象。

　　〈微子〉記載微子對父師、少師言「我用沈酗于酒」，「方興沈酗于酒」，應是當時社會的實情。西周初年周公告誡康叔封，紂所以亡者，以淫於酒，《尚書‧酒誥》云：[13]

> 我聞亦惟曰，在今後嗣王酣身，厥命罔顯於民，祇保越怨不易。（我又聽見說，在現今繼位的君王（紂），就胡亂地自己喝酒作樂，因而他的命令就不能使民眾們理會，只是安然地接受怨恨而不肯改過。）

> 誕惟厥縱淫泆于非彞，用燕、喪威儀，民罔不盡傷心。（他只是放縱地過度享樂而不遵守法度，由於宴飲，以致喪失了他的風度，民眾們沒有不悲痛傷心的。）

---

[12]　《呂氏春秋‧貴直論‧過理篇》、《韓非子‧喻老篇》。

[13]　《史記‧衛世家》及《書序》皆以《尚書‧酒誥篇》為周初康叔封於衛時，周公以成王命告之辭。

惟荒腆于酒，不惟自息，乃逸。（他只是過度地沈醉於酒，自己不肯停息，只顧尋求歡樂。）

厥心疾很，不克畏死（他的心腸險惡兇狠，不肯怕死）；辜在商邑，越殷國滅無罹。弗惟德馨香、祀登聞余天，誕惟民怨。庶群自酒，腥聞在上；故天降喪于殷，罔愛于殷：惟逸。（他的罪惡在商國，對於殷國的滅亡絕不憂愁，他不能使他的品德芳香、以致上升到空中被老天聞到；而只是為民眾所怨恨。大群人自由地在喝酒，腥氣被上天都聞到了；所以老天降下來滅亡之禍給殷國，不再愛護殷國了；這只是為了他們過度享樂的緣故。）

天非虐，惟民自速辜。（老天並不暴虐，只是人們自己找來的罪過。）[14]

《尚書‧無逸》載周公之言：

無若殷王受之迷亂，酗於酒德哉！

《詩經‧大雅‧蕩》篇云：

文王曰咨：（文王長噓短嘆地說：）

咨女殷商，（呵喲，你這殷紂王）

天不湎爾以酒，（上天不要你沉緬於酒）

不義從式！（你卻縱酒逸樂。）。

14　白話譯文採自屈萬里《尚書今註今譯》，台灣商務印書館印行，頁110，民國60年10月3版。

既愆爾止，（你的舉止乖錯失常，）

靡明靡晦，（整日昏天黑地的生活，）

式號式呼，（時而號啕，時而喧嘩，）

俾晝作夜。（把白天當做黑夜。）[15]

一般認為《詩經・蕩》篇是召穆公諷刺周厲王的詩，借周文王的口氣，說出「縱酒逸樂」是造成殷商滅亡的原因。在當代學者的商史著作之中，也有人指出殷人是「以酒亡國」。[16]

殷紂酗酒淫酒之作風，導致覆亡，後代口耳相傳不免有言過其實之處，例如：《太公六韜》云：

紂為酒池，迴船糟丘而牛飲者三千餘人為輩。[17]

東漢王充《論衡》稱：

紂沈湎于酒，以糟為丘，以酒為池，牛飲者三千人。長夜之飲，忘其甲子，車行者行炙百二十日為一夜。

顧頡剛於民國初年作〈紂惡七十事的發生次第〉，認為到了東漢，王充《論衡》上引的一段話，是把《韓非子》「長夜之飲，懼以失日」的一件故事用二百四十倍的顯微鏡放大了。[18]

---

[15]　白話譯文採自楊任之《詩經今譯今注》，頁454，天津古籍出版社，1990年8月2刷版。

[16]　李民主編，《殷商社會生活史》，頁100，河南人民出版社，1993年8月。

[17]　《史記・殷本紀》正義引。

[18]　顧頡剛，〈紂惡七十事的發生次第〉，《古史辨》第2冊，頁90，臺北明倫出版社。

　　從《尚書‧微子篇》的記載，再參照先秦其他文獻，殷末酗酒成風，社會呈現靡爛的現象，導致殷商滅亡，應該不是誇大或虛構的故事。

四、

《尚書‧牧誓篇》記載周武王伐紂時，指責紂王的罪狀如下：

> 今商王受，惟婦人之言是用。昏棄厥肆祀，弗答；昏棄厥遺王父母弟，不迪。乃惟四方之多罪逋逃；是崇是長，是信是使，是以為大夫卿士；俾暴虐于百姓，以姦宄于商邑。

　　分析〈牧誓篇〉所載周武王伐紂時指責的罪狀，除了「惟婦人之言是用」這一條以外，其餘各項，在〈微子篇〉似乎都可以找到，例如：不重視對祖先祭祀；不尊重老成人；縱容罪犯乃至官員作姦犯科、為亂於商國等等。

　　至於在〈微子篇〉裡，微子說當時殷人「小民方興，相為敵讎」這句話，卻是很值得我們特別注意並加以深入探討的。

　　在近代學者的著作中，論及殷商滅亡時，許多都徵引到「小民方興，相為敵讎」這兩句話，而從「階級矛盾」的角度加以解釋。例如王明閣《先秦史》，認為紂王對內搜刮，對外發動戰爭，「耗費了大量人力，物力和財力。加重了奴隸和平民的負擔，促使商代的階級矛盾異常尖銳。出現了『小民方興，相為敵讎』與『如蜩如螗，如沸如羹』的局面。」[19]

---

[19]　王明閣，《先秦史》，頁156，黑龍江人民出版社出版，1983年3月。

　　白壽彝總主編的《中國通史》認爲，商代末年，統治階級對奴隸和平民的剝削殘酷，平民和統治者的鬥爭也日益展開，《尚書・微子》的「小民方興，相爲敵讎」揭示了當時鬥爭的激烈情景，認爲「『小民方興』就是平民普遍起來的意思；『相爲敵讎』就是與商殷統治階級爲敵的意思。」[20]

　　王玉哲《中華遠古史》亦認爲「商紂時奴隸主階級生活奢侈腐化，對勞動人民剝削加重，再加以濫用刑罰等等，自然就激起了廣大民眾的反抗鬥爭，這就是紂王的庶兄微子啓所指出的『小民方興，相爲敵讎』的真實情況。」[21]

　　孫淼《夏商史稿》一書，在論及「商王朝的滅亡時」認爲「商王朝滅亡的原因，是由於社會上各種矛盾的日益激化，其中包括階級矛盾、統治集團內部矛盾以及商王朝與周邊各族、各方國之間的矛盾。」在進一步析論「國內的階級矛盾與統治階級內部矛盾」時，也徵引了〈微子〉「小民方興，相爲敵讎」這二句話，著者的解釋是：

> 「小民方興，相爲敵讎」這句話反映出當時的階級矛盾已經相當尖銳了。廣大的被統治者，由於不能忍受殘酷的剝削和壓迫，起而反抗，並且是不只一處，很多地方都出現了反抗鬥爭。所謂「相爲敵讎」，當然是小民和統治者，「相爲敵讎」。[22]

[20]　白壽彝總主編，《中國通史》第 3 卷，上古時代（上冊），頁 242，上海人民出版社，1994 年 6 月。

[21]　王玉哲，《中華遠古史》，頁 482，上海人民出版社，2000 年 7 月初版。

[22]　孫淼，《夏商史稿》，頁 688，文物出版社，1987 年 12 月。

　　我們檢視《尚書‧微子篇》說：「小民方興，相爲敵讎」，從兩句話的字義分析，顯然是方興的「小民」之間，彼此「相爲」敵讎，看不出任何「小民與統治者」相爲敵讎的意思，因此，把這兩句話解釋爲殷末的「階級矛盾」或「統治集團內部矛盾」，似乎都不很適切。殷末統治集團內部矛盾不是沒有，《史記‧殷本紀》記載殷紂王「醢九侯」、「脯鄂侯」，「商容賢者，百姓愛之，紂廢之」，尤其是「剖比干，觀其心」，「囚禁箕子」，「殷之大師、少師乃持其祭器奔周」等，都可視爲「統治集團內部矛盾」的現象。《尚書‧微子》全文的大意，可以概括在《史記‧殷本紀》所載以下的句子中：

　　　　紂愈淫亂不止，微子數諫不聽，乃與大師、少師謀，遂去。

　　就具體內容而言，〈微子篇〉所記的許多現象，如「沈酗于酒，用亂敗厥德于下」、社會混亂，官吏貪瀆（「殷罔不小大，好草竊姦宄，卿士師師非度，凡有辜罪，乃罔恆獲。」）不尊敬老成人（「咈其耇長，舊有位人」）等，在《尚書‧牧誓》及其他古代文獻中，也多有提到，學者對於這些現象，也有普遍的共識。只有「小民方興，相爲敵讎」兩句話，沒有一致的看法，值得進一步說明。

　　「小民方興，相爲敵讎」，既然不是「小民」與統治者「相爲敵讎」，而是「小民」之間，彼此「相爲敵讎」，那末，「小民」之間，爲甚麼也會「相爲敵讎」呢？關於這一點，著者在二十

年前探討殷商原因時，已經注意及之，有所論述。[23]現在重新檢視，再加介紹，以供探討此一問題的同仁參考。

據甲骨學者董作賓先生的研究，殷代第二十四王祖甲時，曾進行過一次大規模的改革，導致殷代自祖甲以後，禮制分為新舊兩派，舊派的祀典，受祭者包含上甲以前先公遠祖如高祖夔、王亥、王恒、季等；新派對祖先的祀典，則始於先公近祖的上甲，不祀上甲以前的先公遠祖，自盤庚遷殷至紂之亡，中間舊新兩派互相起伏，可分四階段：盤庚、小辛、小乙、武丁、祖庚為舊派，遵循古法；祖甲、廩辛、康丁為新派，改為新法；武乙、文武丁為舊派，恢復古法；帝乙、帝辛又為新派，恢復新法，[24]甲骨文証明紂為新派，遵新派之法，因此他的作風如「好酒淫樂」、不重視祖先的祭祀，「咈其耇長，舊有位人」，都是舊派對紂王指責的話。也是舊派在祀典及生活態度上的不同，這新舊二派不同的態度，自然也會影響到「小民」的態度。

自祖甲改革至殷紂之亡，新舊黨起伏垂一百六十餘年之久，[25]長期黨爭的結果，使殷人勢必對信仰和生活態度發生分歧，也失去判斷是非的價值標準，所謂「小民方興，相為敵讎」

---

[23] 王仲孚，〈殷商覆亡原因試釋〉，國立台灣師範大學歷史系，歷史研究所合編，《歷史學報》第 10 期，頁 1-17，民國 71 年 6 月；收入《中國上古史專題研究》，頁 521-548，五南圖書出版公司印行，民國 85 年 12 月。

[24] 董作賓，〈殷代禮制中的新舊兩派〉，《甲骨學六十年》，頁 113，臺北藝文印書館印行，民國 54 年。

[25] 依據董作賓氏的考證，祖甲改革祀典約在西元前 1273 年至牧野之戰殷亡（董氏考訂殷亡的時間是西元前 1111 年）凡 162 年。

也應是在這種背景之下出現的。殷代是否有「階級矛盾」是另一回事，但這兩句話似不能做如是解釋。「小民」之間也出現了互相對立的局面，彰顯殷末社會混亂的嚴重性。加上紂王剛愎自負，對於政治上的「反對派」採取嚴厲的手段對付，而且社會上的混亂，部分殷民已不把神明放在眼裡了，〈微子〉所指的「今殷民，乃攘竊神祇之犧牷牲，用以容，將食無災」，應是殷末社會實景的呈現，所以微子對殷朝的未來充滿了悲觀，認為「今殷其淪喪，若涉大水，其無津涯。殷遂喪，越至于今。」其徬徨無奈不知何去何從之情，躍然紙上。歷史的發展，果然証明了微子的憂慮是正確的，周武王於牧野一戰克商，殷商王朝即土崩瓦解。不久，具有數百年歷史的殷都變成了殷虛，「宮室毀壞，生禾黍。」[26]

　　《尚書‧微子篇》見証了殷商滅亡前夕的情形，是一篇深具史料價值的古代文獻。

26　《史記‧宋微子世家》。

附：《尚書·微子篇》與《史記·宋微子世家》文句的比較

《尚書·微子篇》	《史記·宋微子世家》
微子若曰：父師、少師！	（微子度紂終不可諫，欲死之，及去，未能自決）乃問於太師、少師曰：
殷其弗或亂正四方。我祖厎遂陳于上；我用沈酗于酒，用亂敗厥德于下。	殷不有治政，不治四方。我祖遂陳於上，紂沈湎于酒，婦人是用，亂敗湯德於下。
殷罔不小大，好草竊姦宄，卿士師師非度，凡有辜罪，乃罔恒獲。小民方興，相為敵讎。	殷既小大好草竊姦宄，卿士師師非度，皆有罪辜，乃無維獲，小民乃並興，相為敵讎。
今殷其淪喪，若涉大水，其無津涯。殷遂喪，越至于今。	今殷其典喪！若涉水無津涯。殷遂喪，越至于今。
曰：父師、少師！我其發出狂？吾家耄遜於荒？今爾無指告予，顛隮若之何其？	曰：太師，少師，我其發出往？吾家保于喪？今女無故告予，顛躋，如之何其？
父師若曰：王子！天毒降災荒殷邦，方興沈酗于酒。乃罔畏畏，咈其耇長、舊有位人。	太師若曰：王子，天篤下菑亡殷國，乃毋畏畏，不用老長。
今殷民，乃攘竊神祇之犧牷牲，用以容，將食無災。降監殷民，用乂；讎斂，召敵讎不怠。罪合于一，多瘠罔詔。	今殷民乃陋淫神祇之祀。今誠得治國，國治身死不恨。為死，終不得治，不如去。遂亡。
商今其有災，我興受其敗。商其淪喪，我罔為臣僕。詔王子出迪，我舊云刻子；王子弗出，我乃顛隮。自靖，人自獻于先王，我不顧行遯。	

——原刊《中國上古史研究專刊》第二期，蘭臺出版社，2003 年 6 月。

六、牧野之戰紂軍「七十萬」試釋

一、引言

　　牧野之戰是殷亡周興的一次決定性戰役，也是我國上古史上的大事，有關這次戰役的文獻史料如《尚書‧牧誓篇》、地下史料如利簋等，在學術上都受到很大的重視；而武王克商的年代，因爲關係到殷周的積年，學者探討的熱誠，更是持久不衰。

　　西元 1968 年，臺灣大學歷史系許倬雲教授發表〈周人的興起及周文化的基礎〉一文，在「周人滅商」這一節，著者寫到武王伐紂的牧野之戰時說：「商王七十萬大軍經不起勇猛的西軍衝突……。」[1]同年九月，東海大學徐復觀教授發表〈從學術上搶救下一代－以許君倬雲有關周初史實的一篇論文爲例〉一文，針對許文，作了如下的批評：

> ……武王伐紂。戰於牧野。許君認為「紂王七十萬大軍」這是從《史記‧周本紀》「帝紂聞武王來，亦發兵七十萬人距武王」來的。史公的記載，必有所本，今日已無法查考。《詩‧大明》言牧野之戰只說「殷商之旅，其會如林」，未言數字。

---

[1]　刊於《中央研究院歷史語言研究所集刊》第 38 本，1969。收入《求古篇》，聯經出版事業公司，頁 51-81，1982。

《左傳•昭公二十四年》萇弘引《太誓》曰：「紂有億兆夷人，亦有離德；余有亂臣十人，同心同德」。「億兆」乃多數的概括，乃至誇張之辭。「七十萬人」，則係一具體數字，這只要稍有歷史常識的人，便會想到在當時不可能組成這樣一支龐大軍隊的。[2]

徐復觀教授此文，還批評了「許君」論文中，有關周初史實中的其他錯誤，例如「客省莊二期」文化、武王伐紂年代等問題，因與本文無關，從略。

令人意外的是，徐文發表後至今，並未引起許倬雲教授的回應。1984 年許氏出版《西周史》對於「紂發兵七十萬人抵抗」表示懷疑，並指出「當時殷商的總人口，以其疆域來說，未必能過一百萬，如何能動員七十萬眾。」[3]其後，許倬雲教授的《西周史》又出版簡體字「增補版」與「增補二版」兩次，關於「商王七十萬大軍」的問題，始終沒有做出合理的解釋或進一步說明。[4]

殷周牧野之戰雙方的兵力如何？所謂紂軍「七十萬」之說，究係由何而來？古今學者對它持怎樣的看法？紂軍「七十萬」

2　原刊《中華雜誌》六卷九期，頁 30-43，1968。收入《周秦漢政治社會結構之研究》，香港新亞研究所初版，1972；《兩漢思想史第一卷》臺灣學生書局印行），1976；上海華東師範大學出版部，簡體字版 2001 年 3 版。

3　許倬雲著《西周史》，頁 89，臺北聯經出版事業公司，1984。

4　許倬雲著《西周史》生活、讀書、新知三聯書店，2001 年「增補版」；2012 年「增補 2 版」，皆為簡體字。

這一龐大的數字顯然值得懷疑。因為兩次世界大戰中的重要戰役，都沒有動員這麼多軍隊。但是，如紂軍「七十萬」之說不可靠，何以又有這樣的說法？其實，關於「七十二」、「七十」這些問題，聞一多、楊希枚、黃沛榮諸氏，都有所討論，對於「紂軍『七十萬』」應該已經得到正確的解讀，筆者於 20 年前即撰成此文，對於「紂軍『七十萬』」的問題，提出正解。[5]這一學術問題，關係到對於上古史的認識，仍值得加以探討。

二、有關牧野之戰雙方兵力的記載

據《史記·周本紀》載，牧野之戰雙方的兵力是：「武王兵車三百、虎賁三千、甲士四萬五千，殷紂王聞武王來，亦發兵七十萬人距武王。」但是，考察先秦的著作，有關牧野之戰的記載雖多，卻沒有提到這次戰役雙方兵力的數字，例如《詩經·大明篇》：

殷商之旅，其會如林，矢於牧野……。

《尚書·武成篇》：

甲子昧爽，受（紂）率其旅若林。

《左傳·昭公廿四年》引《太誓》曰：

5　本文最初發表於香港中文大學聯合書院三十周年紀念論文集，1987。收入《中國上古史專題研究》五南圖書出版有限公司，1996。

　　紂有億兆夷人，亦有離德，余有亂臣十人，同心同德。

《尚書·牧誓篇》記載武王誓師於牧野時說：

　　嗟！我友邦冢君，御事、司徒、司馬、司空、亞旅、師氏、千夫長、百夫長，及庸、蜀、羌、髳、微、盧、彭、濮人，稱爾戈、比爾干、立爾矛，予其誓。

從〈牧誓篇〉裡，只能約略看出武王軍隊的組成分子，無法看出軍隊人數的多少，至於紂王的軍隊則根本沒有提到。《古本竹書紀年》周武王十一年條載：「王率西夷諸侯伐殷，敗之於坶野」[6]也沒有雙方兵力的數字。

　　有些古代著作，但僅記載了武王的兵力數字，而沒有提及紂王的兵力究有多少，例如《牧誓·書序》云：

　　武王戎車三百輛，虎賁三百人，與受戰於牧野。

《逸周書·克殷解》：

　　周車三百五十乘，陳于牧野，帝辛從，武王使尚父伯夫致師，王既誓，以虎賁戎車馳商師，商師大崩……[7]。

《墨子·明鬼下》：

　　武王以擇車百輛，虎賁之卒四百人，無庶國節窺戎，與殷人戰乎牧之野。

6　王國維：《古本竹書紀年輯校》，藝文印書館，第 12 頁。

7　孔注云：「戎車三百五十乘則士卒三萬一千五百人，有虎賁三千五百人也。」

《孟子・盡心下》：

> 武王之伐殷也，革車三百乘，虎賁三千人。

《韓非子・初見秦篇》：

> 武王將素甲三千，戰一日而破紂之國……。

《呂氏春秋・仲秋紀・簡選篇》：

> 武王虎賁三千人，簡車三百乘，以要甲子之事於牧野。

《戰國策・魏策》蘇秦說魏王：

> 武王卒三千，革車三百乘，斬紂於牧野。

又，《趙策》蘇秦說趙王：

> 武王之卒不過三千人，車不過三百乘，而為天子。

　　漢初的《淮南子》也曾多次說到牧野之戰，但亦僅提及武王的兵力，沒有提到紂王的兵力，例如〈本經訓〉云：

> 武王甲卒三千人，破紂牧野。

〈主術訓〉云：

> 紂兼天下，朝諸侯，人跡所及，舟檝所通，莫不賓服，然而武王甲卒三千人禽之於牧野。

〈泰族訓〉云：

> 湯武革車三百乘，甲卒三千人，討暴亂，制夏商，因民之欲也。

　　根據以上的資料加以歸納，可見從先秦時代的經傳諸子以至漢初的《淮南子》，都沒有正確地記載牧野之戰雙方兵力的數字。所謂「甲卒三千人、革車三百乘」，不過是強調武王伐紂是一次以少勝多的戰役罷了。至於商紂的兵力，所謂「殷商之旅，其會如林」、「紂有億兆夷人」云云，也只是一些籠統、誇張的空洞字句而已，直到太史公的《史記‧周本紀》，才出現紂軍「七十萬」的記載。

三、古今學者對於紂軍「七十萬」的看法

　　漢代以後的古史著作，對於牧野之戰紂軍兵力的記載，應以晉皇甫謐《帝王世紀》最受矚目，他說：

> 武王乃率諸侯來伐紂，紂有億兆人，起師自容閣至浦水，與同惡諸侯五十國凡十七萬人，距周于商郊之牧野，紂師皆倒戈而戰……[8]。

皇甫謐說紂軍「十七萬」，根據為何？不得而知。因為在古文字中，「十」與「七」的字形頗為近似，皇甫謐究竟懷疑了「七十萬」這個數字，認為「七」與「十」形近而偽，才把它改為「十七」，還是後世傳抄錯誤，將「七十」誤為「十七」，已無從考察。

8　《太平御覽》卷八十三引，清顧尚之輯本，指海第 6 集，第 33 頁。

　　宋代兩部古史著作——蘇轍的《古史》和劉恕的《通鑑外紀》，對於牧野之戰的敍述，都不記載紂軍的人數，蘇轍《古史》云：

> 十三年，武王複帥諸侯伐紂，一月戊午，師渡孟津，戎車三百兩（輛），虎賁三百人，癸亥，陣于商郊。甲子昧爽，紂帥其旅若林，會於牧野，罔敵于我師，前途倒戈，攻其後以北，紂師敗績。[9]

劉恕《通鑑外紀》云：

> 紂師雖眾，皆欲武王亟入，無戰心，倒戈以開武王，武王以戎車虎賁馳之，商師大崩。[10]

　　蘇轍和劉恕的著作，顯然根據的是《詩經》和《尚書·武成篇》，而不採納《史記·周本紀》，他們雖然沒有說明原因，但其不同意《史記·周本紀》所載紂軍七十萬之說，則是十分明顯的。

　　不過，在近代學者的著作中，說到牧野之戰，謂紂軍「七十萬」者卻很多，其所根據的資料就是《史記·周本紀》，足見此說影響之深遠。例如：王桐齡《中國全史》第三章「商之興亡」云：

---

[9]　蘇轍：《古史》卷五《周本紀》，《四庫珍本》第六集，臺灣商務印書館，第4-5頁。

[10]　劉恕：《通鑑外紀》，《四部叢刊初編》，臺灣商務印書館，第36頁。

> 西伯昌之子發率諸侯來伐，紂發兵七十萬拒之，戰於牧
> 野……。[11]

董作賓《殷周戰史》，在徵引《史記•周本紀》原文一段之後，
加以評論云：

> 這一段敍述，雖然雙方軍隊：殷師七十萬，周師四萬八千，車
> 四千三百乘，不過萬餘人。
>
> 周師乃不及殷師的十分之一，卻又是不戰而勝……。[12]

張其昀氏《中華五千年史》云：

> 當時武王所使用之武力，為革車三百五十乘，甲士四萬五千
> 人，其中精選虎賁三千人。紂王方面據說有七十萬人之
> 眾……。[13]

陳致平《中華通史》云：

> （武王）於是就發動了兵車三百乘，虎賁三千人，甲士四萬五
> 千人，大會諸侯之兵于孟津……殷紂也統領了七十萬大兵抗
> 戰。那知殷師都不戰而潰……。[14]

---

[11]　王桐齡：《中國全史》第3章《商之興亡》，臺北啟明書局1966年版，
　　　第134頁（初版著於1932年9月）。

[12]　張其昀主編：《中國戰史論集》，中華文化出版事業委員會，1954年版，
　　　第3頁。

[13]　張其昀：《中華五千年史》第2冊《西周史》，華岡出版有限公司1976
　　　年版，第18頁（初版於1961年5月）。

[14]　陳致平：《中華通史》（1），黎明文化事業公司1974年版，第155頁。

標準本《高中歷史教科書》第一冊：

> 文王卒，子武王發立，興兵伐紂……又經十年準備，武王就宣佈紂的罪狀，親率戎兵三百，虎賁三千，與殷軍戰於牧野（河南淇縣南），附周的諸侯也出兵相助。殷軍雖有七十萬人，但缺乏戰鬥意志，前途倒戈……。[15]

有些專門討論西周史的論文，也是根據《史記・周本紀》說牧野之戰時，紂軍「七十萬」。例如許倬雲氏《周人的興起及周文化的基礎》一文云：

> 不久，在西元前一一二二年，武王再度統帥西土的各邦軍隊，加上庸、蜀、羌、髳、微、盧、彭、濮八族的聯軍，據說總兵力是三百乘戰車，勇猛的武士三千人，甲士四萬五千人，到達離殷都不遠的牧野……商王七十萬大軍，經不起勇猛的西軍衝突……[16]。

但是，《史記・周本紀》所載牧野之戰紂軍「七十萬」這個數字，畢竟過於龐大，所以表示過懷疑者，也曾大有人在，例如《尚書・武成篇》疏云：

---

[15] 夏德儀編：中學標準本教科書《高中歷史》第 1 冊，國立編譯館，1978 年版，第 14 頁。案：此書大致根據郭廷以主編之中學標準本《高中歷史》第 1 冊，略加刪改而成，兩書之使用時間約達三十年之久。1984 年 8 月，國立編譯館出版之新編高級中學歷史第 1 冊，敘述牧野之戰時，即不再採紂軍「七十萬」之說。

[16] 許倬雲：〈周人的興起及周文化的基礎〉，《中央研究院歷史語言研究所集刊》1968 年 1 月第 38 本，第 447 頁。該文收入《求古篇》，聯經出版事業公司 1982 年版。

　　　　紂兵雖眾，不有七十萬人，是史官美其能破敵，虛言之耳。

梁玉繩《史記志疑》云：

　　　　案三代用兵無近百萬者，況紂止發畿內之兵，安能如此其多。
　　　　[17]

日本瀧川龜太郎《史記會注考證》引陳子龍云：

　　　　紂止發畿內之兵，疑無七十萬之眾也，且三代用兵亦無近百萬
　　　　者。[18]

徐復觀更是深疑紂軍七十萬是不可靠的數字，他舉《左傳·昭
公二十四年》萇弘引太誓曰：「紂有億兆夷人，亦有離德，余有
亂臣十人，同心同德」這條資料，而認為：

　　　　「億兆」乃多數的概括乃至誇張之辭。「七十萬人」則係一具
　　　　體數字，這只要稍有歷史常識的人，便會想到在當時不可能組
　　　　成這樣一支龐大軍隊。[19]

　　　然而，即使注意到紂軍「七十萬人」這數字不合理的學者，
在其著作中所採取的態度，似乎並沒有一致的看法，或以為「周
本紀所說紂發兵七十萬人，似可理解為殷周間所有戰役中，殷

---

[17]　梁玉繩：《史記志疑》卷三，《叢書集成初編》，商務印書館 1937 年版，
　　　第 86 頁。
[18]　[日]瀧川龜太郎：《史記會注考證》卷 4，臺北藝文印書館，第 25 頁。
[19]　徐復觀：〈有關周初若干史實的問題〉，見《周秦漢政治社會結構之研究》，
　　　新亞研究所 1972 年版，第 394 頁。

人及其友邦所動員的總兵力」[20]；或以爲「七十萬」係「十七萬」之訛[21]；或認爲「紂王發兵數萬人或十多萬人，似較合當時實況」[22]。而採用《周本紀》紂軍「七十萬」之說的專著，如中國歷代戰爭編纂委員會編纂的《中國歷代戰爭史》。《中國歷代戰爭史》說到殷周之際的戰爭，在分析周武王「孟津之會」時說：「視於兩年後牧野之戰，周之兵力不過四萬五千人，以與殷紂之七十萬人對比，自不敢冒昧以從事」（第74頁），在敍述牧野之戰時，既據周本紀稱：「紂聞武王率師前來，亦發兵七十萬應戰……。」復加注釋云：「根據史記卷四周本紀所載，此數字恐不免誇大不實」[23]。許倬雲氏《西周史》：「孟津觀兵之後二年，據《史記‧周本紀》，武王率戎車三百乘、虎賁三千人……據說諸侯會師的戎車有四千乘。紂發兵七十萬人抵抗。這兩個數字似乎都很可疑，當時殷商的總人口，以其疆域來說，未必能過

[20]　李偉泰：《先秦典籍所述上古史料研究》，國立臺灣大學中國文學研究所博士論文，1977年7月，第216頁。

[21]　馬先醒編著：《中國通史》上冊，第20頁，注15云：「史記周本紀云：『帝紂聞武王來，亦發兵七十萬人距武王』。按：平均五口一丁計，人員達三千五百萬時，兵員方有七十萬之可能。中國于前漢中期以來，方達此數。故疑殷本紀中『七十萬』之訛者，不無可能，蓋古文字七與十形似。」中國文化大學出版部。

[22]　張光遠：〈西周康侯簋考釋〉，《故宮季刊》1980年9月第14卷第3期，第95頁。

[23]　中國歷代戰爭史編纂委員會編，《中國歷代戰爭史》黎明文化事業股份有限公司1976年版，頁85。

一百萬，如何能動員七十萬眾……。」[24]，也只是表示了保留的態度而已，並未做進一步解釋。顯然沒有參考到有關「七十」與「七十二」相關論文的解釋。

四、《史記》及其他各書中的「七十」與「七十二」

在先秦兩漢時代的著作中，「七十」或「七十二」等數字經常出現，西漢時代太史公的《史記》尤爲習見。例如《五帝本紀》稱：「堯立七十年得舜」；《管蔡世家》稱：「（周公旦）放蔡叔，遷之，與車十乘，徒七十人」；《十二諸侯年表》：「孔子……干七十餘君莫能用」；《樂書》：「漢家常以正月上辛祠太一甘泉……使僮男僮女七十人俱歌」；《吳起列傳》：「坐射起者七十餘家」。其敍述某人之年數，亦多謂其年「七十」，如「居鄹人范增，年七十」（《項羽本紀》）、「魏有隱士曰侯嬴、年七十」（《信陵君列傳》）、「西門豹爲鄴令……其巫，老女子也，已年七十」（《滑稽列傳》），甚者，謂「平陽侯曹參，身被七十創」（《曹相國世家》），項羽、李廣皆自謂其一生曆「七十餘戰」（《項羽本紀》、《李將軍列傳》），而《高祖本紀》謂漢高祖「左股有七十二黑子」，黃沛榮氏〈史記神秘數字探微〉一文，舉例甚多，其結論云：

---

[24]　許倬雲：《西周史》聯經出版事業公司 1984 年版，第 89 頁。

上述諸例，如謂高祖左股有七十二黑子，謂項羽、李廣身經七十餘戰，又謂侯嬴、范增、酈巫俱年七十，曹參身被七十創等，絕非實錄，殆可斷言。[25]

筆者將史記各篇依其體例：本紀、世家、表、書、列傳的次序，將有關「七十二」、「七十」及「七十餘」等有關文句，加以摘錄，共得約六十條[26]，其中「絕非實錄、殆可斷言者」，不勝列舉。除了上引黃文所舉諸例以外，其他如《五帝本紀》：

堯曰：朕在位七十載。

《封禪書》記黃帝乘龍升仙：

黃帝上騎，群臣後宮從者七十餘人。

《田敬仲完世家》：

田常乃選齊國中女子長七尺以上者為後宮……及田常卒，有七十餘男。

《張儀列傳》：

(楚)列侯執珪死者七十餘人。

《劉敬叔孫通列傳》：

今陛下起豐沛、大戰七十、小戰四十。

25　黃沛榮：〈史記神秘數字探微〉，《孔孟月刊》1982年3月21卷第3期，第43頁。

26　見本文所附〈附錄〉。

《滑稽列傳》：

> 王（齊威王）曰：此鳥不飛則已，一飛沖天……於是乃朝諸縣
> 令長七十二人……。

而《周本紀》說牧野之戰「紂發兵七十萬人距武王」，《始皇本紀》記載修阿房宮、及穿治酈山，徵收的刑徒也是「七十餘萬」，這些數字都可以肯定不是具體的數字。

除了史記以外，在先秦兩漢其他的著作中，「七十」這個數字也時常出現，只是不如在《史記》中出現之多而已。例如《左傳·定公四年》祝佗曰：

> 王於是乎殺管叔而放蔡叔，以車七乘、徒七十人……。

《管子·五行篇》：

> 日至，睹甲子木行御……七十二日而畢。

《孟子·梁惠王上》：

> 雞豚狗彘之畜無失其時，七十者可以食肉矣……七十者衣帛食
> 肉，黎民不饑不寒……。

《梁惠王下》：

> 文王之囿方七十里。

> 臣聞七十里為政於天下者，湯是也。

《公孫丑上》：

以德行仁者王，王不待大，湯以七十里，文王以百里……以德
服人者，中心悅而誠服也，如七十子之服孔子也。

《公孫丑下》：

陳臻問曰：前日于齊，王餽兼金一百而不受，于宋，餽七十鎰
而受，于薛餽五十鎰而受。

《滕文公上》：

夏后氏五十而貢，殷人七十而助，周人百畝而徹。

《離婁下》：

昔沈猶有負芻之禍，從先生者七十人，未有與焉。

《萬章上》：

百里奚……年已七十矣。

大國地方百里……次國地方七十里……小國地方五十里……。

《莊子・天運篇》：

孔子謂老聃曰：丘治詩書禮樂易春秋六經……以奸者七十二
君。

《莊子・外物篇》：

殺龜以卜吉，乃剖龜，七十二鑽而無遺筴。

《呂氏春秋・簡選篇》：

殷湯良車七十乘，必死六千人……遂與桀戰於鳴條之野。

《戰國策・楚策》：

　　楚人不勝，通侯執珪死者七十餘人，遂亡漢中。

《淮南子・繆稱訓》：

　　有國者多矣，而齊桓晉文獨名，泰山之上有七十壇焉，而三王
　　獨道。

《淮南子・說林訓》：

　　黃帝生陰陽……此女媧所以七十化也。

《淮南子・修務訓》：

　　神農乃始教民播種五穀……嘗百草之滋味，水泉之甘苦，令民
　　知所避就，當此之時，一日而遇七十毒。

《淮南子・泰族訓》：

　　孔子欲行王道，東南西北七十說而無偶……。

　　湯處毫七十里，文王處酆百里……。

《韓詩外傳》：

　　孔子升泰山，觀易姓之王，可得而數者七十餘人。

《偽六韜》：

　　太公曰：凡舉兵師，以將為命……故將有股肱羽翼七十二人以
　　應天道。

《論衡・自紀篇》：

人面色部，七十有餘。

以上這些著作中的「七十」或「七十二」，當然都不是具體的數字。但是自漢代以後直至民國，這些數字，國人卻經常地使用著，例如顧祖禹《讀史方輿紀要》卷四十九：

操有疑塚七十二處，在河南彰德府臨漳縣故鄴城北漳水上……。

宋代周去非《嶺外代答》卷一：

欽江南入海，凡七十二折，南人謂水一折為一遙，故有七十二遙之名。

宋代嘉泰《會稽志》卷九：

杭烏山在縣北七十五里，舊經云：疊嶂七十二。

明代嘉靖《錢塘縣誌》紀勝云：

荊山，有七十二賢人峰。

清代嘉慶《山陰縣誌》：

山陰大城，又謂之蠡城，范蠡所築治，週二十里，七十二步。

民國《海寧州志稿》卷二：

高陽山為東南諸山之長，率七十二峰。[27]

---

[27]　以上各條采自朱介凡：《七十二》文，《東方雜誌》復刊 1968 年 4 月第一卷第十期。

至於西遊記稱孫悟空「七十二」變，辛亥革命黃花崗七十二烈士，更是大家所熟知的。

五、「七十二」與「七十」及其意義

由於後世學者之中，有些不明了「七十二」或「七十」的特殊意義，誤以為具體的數字，因此對於《史記》及其他各書中的這些數字，也就表示了不能理解，例如《封禪書》引管仲曰：「古者封泰山，禪梁父者七十二家……」張守節《正義》云：

> 管仲所記自無懷氏以下十二家，其六十家無記錄也。

《儒林列傳》：「此以混濁莫能用，是以仲尼干七十餘君無所遇」，裴駰《集解》云：

> 後之記者失辭也。案家語等說，云孔子歷聘諸國，莫能用，謂周鄭齊宋曹衛陳楚杞莒匡等。縱歷小國，亦無七十餘國也。

《孔子世家》稱孔子「弟子蓋三千，身通六藝者七十有二人」，《十二諸侯年表》、《伯夷列傳》、《仲尼弟子列傳》、《儒林列傳》、《貨殖列傳》等篇，則簡稱為「七十子」，《儒林列傳》稱：「自仲尼卒後，七十子之徒散游諸侯，大者為師傅卿相，小者友教士大夫，或隱而不見」，司馬貞《索隱》云：

> 子夏為魏文侯師，子貢為齊魯聘吳越，蓋亦卿也，而宰予亦仕齊為卿，餘未聞也。

《刺客列傳》謂「其後（專諸之後）七十餘年而晉有豫讓之事」，
裴駰《集解》引徐廣曰：

> 闔閭元年至三晉滅智伯六十二年。

《韓非子·定法篇》：

> 故托萬乘之勁韓，七十年而不至於霸王者，雖用術於上，法不
> 勤飾於官之患也。

明代陶宗儀《輟耕錄》云：

> 玉台詩：「鴛鴦七十二，羅列自成行」，孟東野和薔薇歌：「仙
> 機軋軋飛鳳凰，花開七十有二行。」詩皆用七十二，不知何所
> 祖？[28]

顧廣圻曰：「七十有誤，或當作十七」[29]。清代崔述對於《帝王
世紀》載伊尹「年七十而不遇，湯聞其賢，設朝禮而見之」的
傳說，認為：

> 伊尹相湯以王天下，其在湯朝必歷有年所，其後又相外丙、仲
> 壬、太甲、沃丁、不下數十餘年，則伊尹之遇湯當在中年，以
> 為七十，誤矣！[30]

---

[28]　陶宗儀：《輟耕錄》卷17，「七十二」條，中國學術名著第六輯，讀書
　　　箚記叢刊第2集第9冊，世界書局。

[29]　見王先慎：《韓非子集解》，《新編諸子集成》第5冊世界書局，頁304。

[30]　《崔東壁遺書》，《商考信錄》卷1，臺北河洛圖書出版社，頁36。

以上諸家，都是學術史上的知名之士，其所以產生上述之懷疑，顯然是對於「七十」這一數字的特殊意義，未能予以深究或留意的緣故。

其實，「七十二」或「七十」爲我國古代的神秘數字，抗戰期間，聞一多氏曾撰《七十二》一文，指出「七十二」是或與陰陽五行有關而泛表多數之意的一種虛數，有時舉其整數則單稱「七十」或泛稱「七十餘」，這一數字的使用，「發軔於六國時，至西漢而大盛」[31]。在古籍中，前代學者也曾有人以陰陽五行思想嘗試解釋這一數位，例如《史記・高祖本紀》謂高祖左股有七十二黑子，張守節《正義》云：

> 左，陽也。七十二黑子者，赤帝七十二日之數也。木火土金水各居一方，一歲三百六十日，四方分之，各得九十日，土居中央，並索四季，各十八日，俱成七十二日，故高祖七十二黑子者，應火德七十二日之徵也。

《孔子家語・五帝篇》云：「天有五行，水火金木土，分時化育，以成萬物」，王肅注云：

> 一歲三百六十日，五行各主七十二日也。化生長育，一歲之功，萬物莫敢不成。

清代左暄《三餘偶筆》卷五云：

31　聞一多：《七十二》，原刊西南聯合大學師範學校《國文月刊》卷22，收入《神話與詩》，台中藍燈文化公司，頁207-220。

> 七十二，乃天地陰陽五行之成數，亦盈數也，故言數之至者，
> 多極之七十二。

近代學者除了聞一多等以外，也有人認識到了「七十二」並非具體的數字，例如劉師培〈古籍多虛數說〉一文云：

> 古人于浩繁之數，不能確指其目，則所舉之數或曰三十六，或曰七十二。[32]

周法高氏在《上古語法劄記》中，論九與七十二亦云：

> 十以上如十二、三十六、七十二，以及百、千、萬等，都有表示虛數的可能。[33]

至於「七十二」這一數字，為何表示虛數而又泛指極多呢？楊希枚氏曾做過較深入的研究而提出了進一步的解釋，他在〈中國古代的神秘數字論稿〉一文中稱：

> 其實，七十二所以為神秘數字……而由於本身可說就是象徵無與倫比的一個天地至極之數。因為在十數以下的十個天地數中，九、八兩數分別為天陣列和地陣列的極數，七十二是這兩個極數之積，自然就是至極之數了。

32　《劉申叔先生遺書》第三冊，《左盦集》卷8，臺灣大申書局，頁1522。

33　周法高：《上古語法劄記》，《中央研究院歷史語言研究所集刊》第22本，頁203。

> 所以就象徵的意義來講，七十二與七千二百萬兩數實際上並無
> 差異，且如前文所說的，也就都具有天地交泰、繁與眾多，至
> 善至美，以至無上神秘的象徵意義。[34]

楊氏認為七十二數字應是象徵天地的兩個數字，即八、九兩數
的積數，從而也就是象徵至大無極且天地交泰與至善至美的意
義的一個神秘極數。[35]這個解釋使我們認識了此一數位的真正意
義，在古籍中由此一數字而引起的疑惑，也可一舉而廓清。

六、結論

從以上的討論，可知牧野之戰紂軍「七十萬」之說，最初
見於《史記・周本紀》，而「七十二」、「七十」或「七十餘」都
不是具體的數字，它是我國古代表示「至大無極」的一種神秘
數字，應已成定論。西漢時代此一數位最為盛行，太史公在《史
記》之中，尤為常用。因此，《史記・周本紀》載牧野之戰紂軍
「七十萬」不是具體的數字，而是泛稱極多之意，也應無爭論
才是。但是，紂軍兵力究有多少？我們僅能推知遠較武王的周
軍為多，其確實的數字，恐怕是無從稽考的了。

---

[34] 楊希枚：《中國古代的神秘數字論稿》，《中央研究院民族學研究所集刊》
1972 年第三十三期，頁 104。

[35] 楊希枚：《再論古代某些數字和古籍編纂的神秘性》《大陸雜誌》42 卷 5
期，1971。

附：《史記》各篇有關「七十」、「七十餘」、「七十二」的記載

《五帝本紀》：

堯曰：嗟，四嶽！朕在位七十載。

堯立七十年而得舜。

《周本紀》：

帝紂聞武王來，亦發兵七十萬人距武王。

《秦本紀》：

百里傒年已七十餘。

《秦始皇本紀》：

（始皇三十四年）始皇置酒咸陽宮，博士七十人前為壽。

（始皇三十五年）侯生盧生相與謀曰：博士雖七十人，特備員弗用。

（三十五年）作宮阿房……徒刑者七十餘萬人。

（三十七年）始皇初即位，穿治酈山。及並天下，徒送詣七十餘萬人。

《項羽本紀》：

居鄛人范增，年七十，素居家好奇計……。

項王……謂其騎曰：吾起兵至今八歲矣，身七十餘戰。

《高祖本紀》：

高祖為人……左股有七十二黑子。

（六年）封……子肥為齊王，王七十餘城。

《呂后本紀》：

今王有七十餘城，而公主迺食數城。

《孝武本紀》：

（少君）匿其年及所生長，常自謂七十。

黃帝采首山銅，鑄鼎於荊山下，鼎既成，有龍垂胡髯下迎黃帝。黃帝上騎，群臣後宮從上龍七十餘人……。

《三代世表》：

堯知契、稷皆賢人，天之所生，故封之契七十里。

《十二諸侯年表》：

是以孔子明王道，干七十餘君，莫能用，……七十子之徒，口授其傳指，為有所刺譏……。

《樂書》：

漢家常以正月上辛祠太一甘泉……使僮男僮女七十人俱歌。

《封禪書》：

管仲曰：古者封泰山禪梁父者七十二家，……其後百有餘年，而孔子論述六藝，傳略言易姓而王，封泰山禪乎梁父者七十餘王矣……。

（秦始皇）即帝位三年……於是徵從齊魯之儒生博士七十人，至乎泰山下。

是時李少君……匿其年及其生長，常自謂七十……（公孫卿）曰：封禪七十二王，唯黃帝得上泰山封。

黃帝采首山銅……黃帝上騎，羣臣後宮從上者七十餘人。（與《史記・孝武本紀》文字相同）

《平准書》：

其明年，山東被水菑……乃徙貧民于關以西，及充朔方以南新秦中，七十餘萬……。

《齊太公世家》：

厲公暴虐……齊人乃立厲公子赤為君，是為文公，而誅殺厲公者七十人。

《管蔡世家》：

周公旦……殺管叔而放蔡叔，遷之，與車十乘，徒七十人從。楚靈王以靈侯殺其父，誘蔡靈侯于申，伏甲飲之，醉而殺之，刑其士卒七十人。

《楚世家》：

（楚懷王）十七年春，秦……虜我大將軍屈匄，禆將軍逢侯醜等七十餘人。

秦之武遂去韓之平陽七十里（韓已得武遂于秦，以遂去七十里）。

《魏世家》：

為我殺范痤，吾請獻七十里之地。

《田敬仲完世家》：

田常乃選齊國中女子，長七尺以上者為後宮……及田常卒，有七十餘男。

《孔子世家》：

孔子……弟子蓋三千焉，身通六藝者七十有二人。

《齊悼惠王世家》：

高祖六年，立肥為齊王，食七十城。

《蕭相國世家》：

列侯畢已受封，及奏位次，皆曰：干陽侯曹參，身被七十創，攻城掠地，功最多，宜第一。

《曹相國世家》：

參以右丞相屬韓信……定齊，得七十餘縣。

參之相齊，齊七十城。

《梁孝王世家》：

> 廣睢陽城七十里。

《伯夷列傳》：

> 且七十子之徒，仲尼獨薦顏淵為好學。

《老子列傳》：

> 始秦與周合，合五百歲而離，離七十歲而霸王者出焉。

《吳起列傳》：

> 太子立，乃使令尹盡誅射吳起而並中王尸者。坐射起而夷宗死者七十餘家。

《仲尼弟子列傳》：

> 太史公曰：學者多稱七十子之徒……。

《張儀列傳》：

> 楚嘗與秦構難，戰于漢中，楚人不勝，列侯執珪死者七十餘人，遂亡漢中。

《白起王翦列傳》：

> 武安君所為秦戰勝攻取者，七十餘城。

《平原君虞卿列傳》：

> 且遂聞湯以七十里之地王天下。

《魏公子列傳》：

　　侯嬴，年七十。

《范睢蔡澤列傳》：

　　身所服者七十餘城，功已成矣。

《樂毅列傳》：

　　樂毅……下齊七十餘城。

《田單列傳》：

　　而齊七十餘城皆複為齊。

《刺客列傳》：

　　（專諸之後）其後七十餘年而晉有豫讓之事。

《淮陰侯列傳》：

　　下齊七十餘城。

《酈生陸賈列傳》：

　　淮陰侯聞酈生伏軾，下齊七十餘城。

《劉敬叔孫通列傳》：

　　今陛下（指劉邦）起豐沛……大戰七十，小戰四十。

《太倉公淳於意列傳》：

　　陽慶……年七十餘。

《吳王濞列傳》：

故王孽子悼惠王王齊七十餘城。

《李將軍列傳》：

廣謂其麾下曰：廣結髮與匈奴大小七十餘戰。

《匈奴列傳》：

漢使驃騎將軍去病將萬騎出隴西……過居延，攻祁連山，得胡首虜三萬餘人，裨小王以下七十餘人。

《南越列傳》：

其相呂嘉年長矣，相三王，宗族官仕為長吏者七十餘人

《司馬相如列傳》：

漢興七十有八載，略可道者七十二君。

於是大司馬進曰：

……或謂且天為質闇，珍符固不可辭……說者尚何稱於後而云七十二君乎？

《淮南衡山列傳》：

（屬王）令男子但等七十人與棘蒲侯柴武太子奇謀……反谷口。大夫但、士五開章等七十人與棘蒲侯太子奇謀反，欲以危宗廟社稷。

《儒林列傳》：

世以混濁莫能用，是以仲尼干七十餘君，無所遇……。

自孔子卒後，七十子之徒散游諸侯……。

《大宛列傳》：

> 大宛在匈奴西南，在漢正西……其屬邑大小七十餘城。

《滑稽列傳》：

> 王（齊威王）曰：此鳥不飛則已，一飛沖天，不鳴則已，一鳴
> 驚人。於是乃朝諸縣令長七十二人……太公躬行仁義七十二年
> 西門豹為鄴令……其巫，老女子也，已年七十……。

《貨殖列傳》：

> 七十子之徒，賜最為饒益。

原刊：香港中文大學聯合書院三十周年紀念論文集，1987。
本文再刊時，曾請文大史學系博士生曹文瀚以電腦再全面蒐集，
特此誌謝。

七、商周史研究議題中的地圖問題

一、引言

　　商周雖然都是古代的信史，又有許多地下出土的考古材料與文獻記載相配合，有的可補文獻的不足，有的可以糾正文獻的謬誤，但是仍有許多問題尚未得到解決，而成爲學術研究上的重大議題[1]，在許多重大的學術議題之中，有的不需要地圖，有的則非地圖配合不可。例如武王克商的年代、西周諸王的年代，都是解決商周積年具有關鍵的議題，由於武王克商的年代久懸未決，因此商周的積年問題的解決，也就無法突破。近年「夏商周斷代工程」的啓動，便是想以團隊的方式，集合相關領域的學者從事集體研究，以謀求解決之道。

---

[1] 例如王國維〈殷卜辭中所見先公先王考〉、〈續考〉二文，以甲骨文證明《史記・殷本紀》所載商王譜系中的錯誤。其中〈殷本紀〉中的振，即王亥，主壬、主癸，應爲示壬、示癸，報丁、報乙、報丙之順位，應爲報乙、報丙、報丁。見《觀堂集林》卷九，史林一，頁409-435；〈續考〉見頁438，臺北河洛圖書出版社；陳夢家指出，殷商世系的研究，還不曾完結，羅振玉、王國維、郭沫若、董作賓諸氏尚有未涉及，需要我們加以整理補充者，見《殷墟卜辭綜述》頁335-336，臺北大通書局影印本，民國60年5月。本書介紹李壽林先生《史地殷本紀疏證》一書即係後來居上之作。

目前對於克商年代[2]和西周諸王的在年代[3]已有專書出版。

學術論文除了文字的敘述以外，視論文議題的性質，必須附上與論文議題有關的資料，才能使討論有所依據。例如從甲骨文討論商代的農業，就必須附上甲骨文，從金文討論西周的土地問題就必須附上金文，在上述「夏商周斷代工程」中，武王克商的年代問題，西周諸王的在位年代問題，則天文曆法、甲文、金文等材料和統計數字應是不可缺少而不需以地圖輔助說明。但有些學術議題就必須附上地圖才行，只靠文字的敘述，顯然是不夠的。

以殷商史而言，商族的起源、湯亳的地望、商湯伐桀、殷都屢遷諸問題；以西周史而言，周族的起源與先周考古、周人東進與武王伐紂，周初封建與周公東征諸問題，都涉及了歷史地理，許多地名和山川形勢，如只用文字敘述，對於歷史地理素養不足的讀者，恐怕只能得模糊的印象，因此，論文中的地圖，就成為不可或缺的一部分。

---

[2]　北京師範大學國學研究所編：《武王克商之年研究》，北京師範大學出版社，1997 年 11 月，為「夏商周斷代工程叢書」之一。此書共收論文 57 篇，共 36 種不同年代（從西元前 1127 說至西元前 1018 說），為眾說紛紜的武王克商年代，作了一次整理。

[3]　朱鳳瀚、張榮明編《西周諸王年代研究》，1998 年 1 月，貴州人民出版社。據李學勤先生在該書序言中稱：1996 年 5 月啟動的「夏商周斷代工程」，專門設置了「西周王年的年代學研究」課題，其下已有八個專題，《西周諸王年代研究》是這一課題以至整個工程的成果之一。

在前輩學者相關議題的論文之中，有的應該附地圖而沒有附，推測其原因之一，或許是當時的作者和讀者有關歷史地理的學養深湛，胸中自有一幅地圖，對於論文中所提到的地名與山川形勢皆瞭如指掌，地圖也許是多餘的。另一原因應是繪製歷史地圖已屬專門學問的領域，繪製不易，作者繪不出來，因此也就只好付之闕如了。

但是，在討論商周學術重大議題之時，應有的附圖是不能迴避的，我們可以看到，有些知名的學者的著作中，有的借用他人著作中的地圖，這表示論文中的地圖不可或缺，借用他人論文中的地圖乃是不得已之舉，不可能適當，因為即使屬於同一個學術議題的範圍，但不同的論文，各有其申論的重點，地圖係配合自己的敘述和論點而設計，借用他人論文中的地圖，或可在論文的外部形式上，妝點的琳瑯滿目，熱鬧非凡，但如仔細與論文中的敘述文字對照，則可發現圖文「各自表述」甚或有牛頭不對馬嘴的現象。

前輩學者對於上古史論文的撰作，有文無圖的現象，固甚普遍，為了幫助讀者進一步的瞭解，有的學者仍然會附上簡圖作為輔助。例如傅斯年〈大東小東說〉，所附地圖雖然簡略，但足以讓讀者清楚地瞭解其論文的論點[4]（參附圖一，見頁 164）；

---

[4] 傅斯年〈大東小東說〉，原刊《中央研究院歷史語言研究所集刊》第 2 本第 1 分，民國 19 年 5 月；收入《傅斯年全集》第 3 冊，頁 9-22，聯經出版事業公司印行，民國 69 年 9 月初版。

又如石璋如先生在探討商代銅礦分佈的一篇論文中，所附地圖完全配合文字的敘述，使讀者一目了然[5]（參附圖二，見頁 165）。

筆者在大學及研究所於「中國上古史」授課時，皆能注意在黑板上隨手標示出地理方位，但在以往寫作的過程中，也忽略了在論文中應附地圖的重要性，在幾篇討論夏商地理問題有關的論文中，都沒有附上地圖[6]，如今檢討起來就不免有疏略之感。

二、商周史的研究議題

商周史的研究議題很多，所謂「議題」，是指正在從事研究或一直都在研究或討論而未取得結論的問題。如前引「夏商周斷代工程」欲解決的武王克商的年代及殷周的積年，就是商周史研究的重大議題。就商周史的研究而言，有些議題，是老問題久懸未決，有些則是隨著新史料出現而產生的新問題。

夏商周三代，是中國上古史發展的重要階段，而商代在三代之中居於承先啓後的地位，孔子說：「殷因於夏禮，……周因

---

[5]　石璋如：〈殷代的鑄銅工藝〉，《中央研究院歷史語言研究所集刊》第 26本。

[6]　王仲孚：〈湯亳地望與歷史教學〉，國立臺灣師範大學國文學系、中央研究院歷史語言研究所編《甲骨文發現一百週年學術研討會論文集》，臺北文史哲出版社印行，民國 88 年 8 月；〈從夏都地望看夏代的中央與地方〉，國史館主辦，國史上中央與地方的關係—中華民國史專題第五屆討論會論文，民國 88 年 12 月。以上二文皆應附地圖而未附，誠為缺憾，這項缺點在史學界的論文中頗為常見。

於殷禮」[7]，足以說明其在歷史文化傳承上的重要性。記載商代的文獻史料雖較夏代爲多，但多係後人述古之作，商史是否可信，在民初疑古風氣極盛之時，一度也受到懷疑[8]，但自安陽殷墟發現後，大量的地下遺蹟遺物出土，不僅證明商史的可信，而且開啓了許多研究的新課題，如建築、墓葬、青銅器之鑄造、祭祀禮儀，都在地下史料與紙上史料配合研究之下，得到了豐富的研究成果。

　　雖然如此，殷商史未能解決的問題仍然甚多，而成爲研究的「議題」，著者曾提出殷商史尚待解決的一些問題五項：1.殷商帝王譜系的考證問題；2.商族起源問題；3.湯亳的地望問題；4.殷都屢遷問題；5.殷代的氣候與農業問題。[9]事實上，殷商史尚待解決的問題當然不止於此，例如商代的國家組織、王位繼承、青銅來源、青銅器紋飾、奴隸制度、人殉人牲、農業問題中的牛耕、灌溉與施肥、青銅農具等等，都是商史研究的重要「議題」。

　　在許多的商史研究「議題」之中，以商族起源、商亳地望、殷都屢遷三者的討論，最需要地圖的配合。關於商族的起源，根據「鳥生傳說」推測，應起於「東方」，所謂「東方」即指豫

---

[7]　《論語・爲政篇》孔子答子張問時所言。

[8]　顧頡剛：〈自述整理中國歷史意見書〉一文說：「東周以上只好說無史」，見《古史辨》第 1 冊上編，頁 34-35，臺北明倫書局。

[9]　王仲孚：〈殷商史尚待解決的一些問題—悼念胡厚宣先生〉，張永山、胡振宇主編：《胡厚宣先生紀念文集》，頁 23-27，科學出版社，1998 年。

東、魯西一帶[10]。近代學者對於此一「議題」，尚有「西方說，即陝西商縣、「河北說」、「東北說」、「晉南說」等不同的看法[11]。由於文獻史料記載的先公王亥的故事發生在河北易水一帶，而考古學的先商文化分佈於太行山東麓的河北地區達河南省的鄭州市，鄒衡先生力主「北方說」，可惜在他的幾篇重要論著中，都沒有附上地圖[12]。

商湯都亳之地望究在何處，司馬遷《史記・殷本紀》未提及，自漢魏以來的學者則眾說紛紜，莫衷一是[13]。近代王國維先生〈說亳〉一文主北亳說，地在山東曹縣[14]，但董作賓先生根據

---

[10]　《詩經・商頌・玄鳥》：「天命玄鳥，降而生商」，近代主張商族起於「東方」的學者如徐中舒氏認為商族早期活動在山東齊魯一帶，見〈商史中的幾個問題（上）〉，《四川大學學報》1979年第2期，頁110，其他相似主張者亦多，茲不列舉。

[11]　參黃競新：《從卜辭經史中考殷商氏族源流》，國立臺灣大學中文研究所博士論文，民國71年；梁國真：《商周時代的東夷》，中國文化大學史研所博士論文，民國83年。

[12]　鄒衡：《夏商周考古學論文集》，頁203-215，文物出版社，1980；又見〈綜述早商亳都之地望〉，《中國商文化國際學術討論會論文集》，頁85-87，中國大百科全書出版社發行，1998年9月，收入《夏商周考古學論文集》（續集）頁117-119，科學出版社，1998年4月。

[13]　漢、魏以來對於亳都地望的意見可以班固和皇甫謐為例。《漢書・地理志》河南郡偃師縣下云：「尸鄉，殷湯所都。」；《史記・殷本紀》〈正義〉引皇甫謐謂：「梁國，穀熟為南亳，即湯都也」。

[14]　王國維：〈說亳〉，《觀堂集林》卷十三，臺北河洛書局印行。

甲骨文考證在安徽亳縣[15]，在台灣許多通史著作多從之[16]，自一
九五〇年鄭州商城發現後，鄒衡先生認爲此一商城即湯都之亳
[17]，但一九八三年偃師商城發現後，學者對照《漢書‧地理志》
認即商湯之亳都[18]，於是，「鄭亳說」和「偃師西亳說」就成爲
商史研究的一大「議題」，學者各據考古資料立說，雙方的支持
者至今仍相持不下，這一商史研究的重要「議題」，也是新資料
未能解決舊問題反產生了新問題的一例。

　　史載殷人屢遷其都，有「前八後五」之說[19]，近代學者如丁
山、王國維、趙鐵寒諸氏，對於殷商都邑之分佈與遷徙的地望

---

[15]　董作賓：〈卜辭中的亳與商〉，《大陸雜誌》第 6 卷第 1 期，民國 42 年
　　　1 月。高去尋：〈商湯都亳的探討〉，董玉京編《董作賓先生誕辰九五紀
　　　念文集》，編者自印，民國 77 年。

[16]　例如傅樂成《中國通史》頁 14 即採董說，大中國圖書有限公司，民國 53
　　　年。最近四十年來台灣地區的中學歷史教科書也大都採董說，或董、王二
　　　說並列。

[17]　鄒衡：〈鄭州商城即湯都亳說〉，《文物》1978 年第 2 期；又見《夏商
　　　周考古學論文集》頁 184-202，文物出版社，1980 年。

[18]　偃師商城發現於河南偃師尸鄉溝，據《漢書‧地理志》稱，偃師尸鄉爲殷
　　　湯所都之地。1983 年考古工作者在此地發現商城遺址，學者認係湯都之西
　　　亳。見中國社會科學院考古所河南二隊：〈1983 年秋河南偃師發掘簡報〉，
　　　《考古》1984 年第 10 期；方酉生：〈論偃師尸鄉城址爲商都西亳〉，《中
　　　國商文化國際學術討論會論文》，中國社會科學院考古研究所編印，1995
　　　年；趙芝荃、徐殿魁：〈河南偃師商城西亳說〉，《全國商史學術討論會
　　　論文集》，殷都學刊增刊，1985 年。

[19]　張衡《西京賦》稱：「殷人屢遷，前八後五」，《史記‧殷本紀》「自契
　　　至成湯八遷，湯始居亳，從先王居」。司馬遷未寫出「八遷」的地名，因
　　　此才有王國維諸氏之考證。

皆有專文考證[20]，至於殷人爲何屢遷，討論的更爲熱烈，然以推測之詞爲多，難成定論[21]，「殷都屢遷」問題，遂成爲商史研究的重要「議題」之一。

　　至於西周史，文獻史料和地下史料較商代更爲豐富，但至今未能解決的學術議題並不較商代爲少。除了上述武王克商年代、西周諸王年代、周族起源問題外，其他如文王東進與武王伐紂的路線、周公稱王或攝政、三監人物及其統治地區、周初的封建與宗法、井田與西周的土地制度、先周考古、周原考古以及大量金文材料的斷代及詮釋等問題，也都是關心中國上古史的人所期待解決的問題。這些西周史的新舊問題，正因爲一時不能解決，才成爲學術上研究的「議題」。

　　在這些西周史研究的「議題」之中，周族的起源、文王的東進與武王伐紂路線、三監人物與統治區域，如不配合地圖，只靠文字敘述，除非讀者的歷史地理素養極深，否則是不易理解的。

---

[20]　丁山：〈由三代都邑論其民族文化〉，《中央研究院歷史語言研究所集刊》5本1分，民國24年；王國維：〈說自契至於成湯八遷〉，《觀堂集林》卷十二，史林四，河洛圖書出版社，民國64年景印初版；趙鐵寒：〈殷前八遷的新考證〉，《古史考述》，正中書局，民國54年。

[21]　例如：柳詒徵認爲「殷之多遷實含游牧行國之性質」，見《中國文化史》上冊，頁134，臺北正中書局；傅築夫認爲出於「遊耕」現象，見〈關於殷人不常厥邑的一個經濟解釋〉，《文史雜誌》第四卷第五、六期；張光直：〈夏商周三代都制與三代文化異同〉一文提出聖都俗都說，認爲商人之屢遷係環繞聖都尋銅礦，見《中央研究院歷史語言研究所集刊》第55本第1分，民國73年。其他說法還很多，不逐一例舉。

關於周族的起源，據《史記・周本紀》稱，姜原履巨人跡而生棄，堯時封棄於邰，號後稷。據《史記正義》引《括地志》，邰在陝西武功縣。至公劉時居於豳（邠），古公亶父時遷於岐山之下的周原。依《史記・周本紀》的記載，周族起源的地區在渭水、涇水流域，但在三十年代，錢賓四先生曾主張周人發祥於山西省汾水下游的新絳、聞喜一帶，至古公亶父時才越黃河西遷至陝西境內[22]，齊思和氏則主張傳統之舊說[23]，至今仍有頗多學者贊同錢說[24]，可惜歷史學者有關周族起源的許多論文，多未附地圖，而近人的《西周史》著作涉及這方面問題時，也是只有文字沒有地圖[25]。

周人自古公亶文開始有「翦商」之志[26]，開始從岐山沿渭水流域向東發展，文王時代，曾經滅了許多小國，如密須、邗、

22　錢穆：〈周初地理考〉，《燕京學報》第 10 期，1931 年。臺北東方文化書局 1972 年複刊本。

23　齊思和：〈西周地理考〉，《燕京學報》第 30 冊，1936 年。臺北東方文化書局 1972 年複刊本。

24　贊成周族起源於山西南部的學者，如鄒衡：《夏商周考古學論文集》論先周文化，文物出版社，1980 年；王玉哲：〈周族最早來源於山西〉，《中華文史論叢》，1982 年第 3 輯；楊升南：〈周族的起源及其播遷〉，《人文雜誌》1984 年第 6 期。

25　許倬雲《西周史》第三章第二節實始翦商，第三節武王克商，皆未附圖，聯經出版事業公司，民國七十三年十月；楊寬：《西周史》第三章周的開拓和克商，有《附錄》載〈假定的武王克商日程表〉並附有武王克商的簡圖，有關周族起源的討論，則未附圖，台灣商務印書館，1999 年 4 月。

26　《詩經・魯頌・閟宮》稱：「後稷之孫，實唯太王，居岐之陽，實始翦商」

崇、虞、芮、黎等[27]，它們的地理分佈，有許多不同的意見，作者應以地圖標示自己的主張才是。又如武王伐紂使殷亡周興，自是上古史的大事，武王進軍路線爲何固然是研討的重點，而《尚書・牧誓》載武王伐紂時所謂「牧誓八族」——庸、蜀、羌、髳、微、盧、彭、濮，其分佈的地區究在何地？[28]傳統的說法和現代人的考證如何選擇？都是從事西周史研究無可迴避的議題。

至於「三監」人物，王引之在《經義述聞》卷三《三監》條下說：「監殷之人，其說有二。或以爲「管叔、蔡叔」而無「霍叔」，定四年《左傳》、《楚語》、《〈小雅・棠棣〉序》、《〈豳風・鴟鴞〉傳》、《破斧傳》、《呂氏春秋・察微篇》、《開春篇》、《淮南・氾論篇》、《泰族訓》、《要略訓》、《史記・周本紀》、《魯世家》、《管蔡世家》、《衛世家》是也。或以爲「管叔、霍叔」而無「蔡叔」，《逸周書・作雒篇》、《商子・賞刑篇》是也。武庚及二叔皆有監殷臣民之責，故謂之「三監」。或以爲「武庚、管、蔡」爲三監，或以爲「武庚、管、霍」爲三監，則傳聞不同也。然蔡與霍不得並舉，言蔡則不言霍，言霍而不言蔡矣。置武庚

---

[27] 《尚書大傳》稱文王「受命」之後：「一年斷虞芮之訟、二年伐邘、三年伐密須，四年伐犬戎、五年伐黎、六年伐崇、七年而崩」，《孟子》稱文王之時，「三分天下有其二」。

[28] 牧誓八族，據錢穆〈周初地理考〉一文認爲都在殷畿附近，與傳統的說法不同。

不數，而以「管、蔡、霍」為三監，則自康成始為此說。」[29]三監人物如不能決定，則其在周初的統治地區自也無法確定。這些都是從事西周史研究必須面對的問題，尤不可忽略地圖在討論這些議題時的重要性。

三、應附地圖的必要性

在上述商周史研究的許多「議題」之中，有些必須附以地圖，因為只靠文字敘述是表達不清楚的。我們可以強調，有些「議題」，地圖根本就應該屬於論文的「共同體」，而不應作為「附加」的部分。

以商族的起源和滅夏而言，商族的起源地有許多不同的看法，每一種看法代表了不同學者的學術立場，因此在敘述夏商交替、殷革夏命，或討論亳都地望時，就必須作出決定，再依自己的決定繪製論文中的地圖，所繪之地圖實屬表達著者學術立場的一種方式，與文字的敘述的地位是等同的。

以夏商交替而言，據《史記・夏本紀》載「湯修德，諸侯皆歸湯，湯遂率兵以伐夏桀。桀走鳴條，遂放而死。」，〈殷本紀〉稱：「桀敗於有娀之虛，桀奔於鳴條，夏師敗績。湯遂伐三嵏，俘厥寶玉，義伯、仲伯作《寶典》。」

以上兩段史料，給我們的印象其實是模糊的。如果要把「殷革夏命」的過程描繪出較清晰的輪廓，則有兩個地名的座標必

---

[29]　引自朱楨、王健〈由《康侯簋》銘文說到周初三監〉，《殷都學刊》1988年第3期，頁14。

須確定，一是湯都亳，二是鳴條。亳都的地望異說頗多，「鳴條」
亦然，例如舊注多主鳴條在山西安邑附近，亦即距桀都不遠，
例如《史記・夏本紀・集解》引孔安國曰：「地在安邑之西」，《殷
本紀・正義》引《括地志》云：「鳴條，戰地，在安邑西」。但，
東漢的鄭玄認爲是「南夷地名」[30]又如文獻記載湯敗桀於鳴條之
後，有「遂伐三嵏」之語，舊注多主「三嵏」在今山東西南部的
定陶縣[31]，那末鳴條也應在定陶附近才是[32]。因此，面對以上的
情形，必須就亳與鳴條的地望作出選擇，然後繪圖表示之，就
鳴條的地望而言，可能出現兩幅截然不同的地圖，但此一地圖
代表的是著者的學術主張和立場，王恢先生所繪的〈湯征諸侯
與伐夏〉，對於鳴條便表示了自己的主張[33]。（參附圖三，見頁
166）

　　關於殷都屢遷的考證，在前舉學者的論文中，以沒有附圖
的居多，或所繪圖十分粗略，與文字的敘述，完全不能配合，

---

[30]　《史記・夏本紀》集解引。

[31]　嵏，亦作艐、鬷。《書序》云：「伊尹相湯伐桀，升自陑，遂與桀戰於鳴
　　條之野，作《湯誓》。夏師敗績，遂伐三艐……。」（《墨子・尚賢中》
　　引）《後漢書・郡國志》：「濟陰郡定陶縣有三鬷亭」《殷本紀》〈正義〉
　　引孔安國曰：「三嵏，國名，桀走保之，今定陶也。」〈正義〉引《括地
　　志》云：「曹州濟陰縣即古定陶也。」

[32]　三，《書序》作三艐，《後漢書・郡國志》作三鬷，焦循《孟子・正義》認
　　為「由鳴條遂伐三鬷，鳴條當亦不遠。」見《新編諸子集成》第一冊，頁
　　317，世界書局印行。

[33]　王恢：《中國歷史地理》下冊，頁633，臺灣學生書局印行，民國七十三
　　年八月再版本。

且亦不合繪圖之體例[34]（參附圖四，見頁 167）。殷都自湯至盤
庚之五遷，依文獻記載爲：湯始居亳、仲丁遷隞、河亶甲遷相、
祖乙居庇、南庚遷奄、盤庚遷殷[35]。而且對考古新資料如何處理？
如鄭州商城和偃師商城何者是亳都？隞都舊說在河南榮陽，今
人則有主鄭州商城的。[36]楊升南先生在討論此一問題時，主張自
湯至盤庚共六遷，認爲「商人在成湯建國以後到盤庚遷都於
「殷」，共有六次徙都，它們是：（1）湯自魯西的北亳遷到豫西
的偃師西亳；（2）仲丁自西亳遷於敖（今河南鄭州）；（3）河亶
甲由敖遷於相（今河南內黃縣）；（4）祖乙由相遷庇（今山東魚
臺縣境）；（5）南庚由庇遷奄（今山東曲阜）；（6）盤庚由奄遷

---

[34] 張光直認爲「三代王都的遷徙，……即王都屢徙的一個重要目的—假如不
　　是主要目的，便是對三代歷史上的主要政治資本亦即銅礦與錫礦的追
　　求」，見〈夏商周三代都制與三代文化異同〉，《中央研究院歷史語言研
　　究所集刊》第 55 本第 1 分，頁 62，民國七十三年三月，收入《中國青銅
　　時代》第二集，聯經出版事業公司，民國七十九年。

[35] 《竹書紀年》與《尚書・序》所載湯至盤庚的五遷地名如下：

　　竹書紀年（御覽 83 引）　　　尚書序
　　外丙居亳　　　　　　　　　湯始居亳
　　仲丁自亳遷於囂　　　　　　仲丁遷於囂（《殷本紀》作「隞」）
　　河亶甲自囂遷於相　　　　　河亶甲居相
　　祖乙居庇　　　　　　　　　祖乙圮於耿（《殷本紀》作「遷」於邢）
　　南庚自庇遷於奄
　　盤庚自奄遷於北蒙曰殷　　　盤庚宅殷（《殷本紀》作「治亳」）
　　見陳夢家《卜辭綜述》，頁 251，台灣大通書局影印本。

[36] 安金槐：〈試論鄭州商代遺址—隞都〉，《文物》1960 年第 4、5 期。

殷（今河南安陽小屯村）。[37]楊文附有「商都遷圖」（參附圖五，見頁 168），該圖實表示了著者對商都遷徙的重大意見：一是選擇了北亳即王國維的考證和偃師西亳皆為湯都；二是選擇了鄭州為隞都；三是主張湯至盤庚為六遷。筆者所期望的商周史研究議題中的論文，至少應該附上符合自己主張的地圖。

在西周史研究的「議題」中，周族起源和先周考古固然應附上配合個人主張的地圖，以表示自己贊成起於山西南部或起於渭水涇水流域，可惜似未有論文出現過這樣的地圖。至於文王時代的東進，更需要適當的地圖配合。而此一地圖須依自己的意見繪製，不宜從他人論文中的地圖加以借用。因為在這一段史實中必須提及的地名如岐山、周原、豐、鎬、密須、虞、芮等地的方位，已較無爭議，但邘、黎（或作飢、耆）、崇等地望則涉及考據問題，在文王東進的過程中，戡黎、伐崇應是當時轟轟烈烈的大事，《詩經》、《尚書》都有專章記其事[38]。尤其是西伯戡黎—即周文王滅了殷的諸侯黎國，大臣祖伊極為震撼，認為殷朝離亡國之期不遠了，而紂王還不知覺悟。

37　楊升南：〈殷人屢遷辨析〉，《甲骨文與殷商史》第二輯，頁 204，上海古籍出版社，1986 年 6 月。

38　《詩經•大雅•皇矣》詩句形容文王進攻崇城之激烈；《尚書•商書》有〈西伯戡黎〉篇，記文王戡黎後，殷臣祖伊之恐懼，《史記•殷本紀》照錄其文。

　　崇即崇侯之國，史載曾向紂王告密誣陷文王，舊注以其地望「崇國蓋在豐、鎬之間」[39]，但也有主張為河南嵩縣一帶[40]。黎國地望亦有許多不同的說法[41]，但以採山西省長治縣之說者較多。戡黎在先、伐崇在後，則崇國如在「豐、鎬之間」則如何能越過崇國戡平遠在山西的黎國？因此在繪製文王東進路線之地圖，就必須作出決定。顧頡剛在討論西伯戡黎的論文中，便繪出了符合自己主張的地圖[42]（參附圖六，見頁 168），楊寬《西周史》所附「文王用兵示意圖」，亦作了崇在河南的選擇，圖雖簡略，著者的意見都表達的很清楚。[43]（參附圖七，見頁 169）

　　在武王伐紂方面，去程的路線較易繪出，因鎬京、臨潼、盟津、牧野、殷都的地望，大致皆已確定，但武王克商後，依利簋所載，似乎不是循原來路線返回鎬京，他是依何種路線回

---

[39] 《史記‧周本紀》〈正義〉引皇甫謐曰：「崇國蓋在豐、鎬之間，詩云：『既伐於崇，作邑於豐，是國之地也』」。

[40] 陳奐《詩毛氏傳箋》指出《詩經‧文王有聲》之崇，即《左傳‧宣公元年》晉國趙穿所伐之崇，俞樾《俞樓雜纂》卷二十八「崇」條認趙穿所伐之崇，為虞夏之際鯀所居之崇，即今河南嵩縣，楊寬氏認為「殷周之際的崇國應即今嵩縣附近」，見所著《西周史》頁 71。

[41] 黎的地望：一說在山西黎城縣，一說在山西長治縣，一說在河南濬縣，一說在山東鄆城縣與壽張縣之間，一說在山東堂邑、博平二縣界，一說在山東范縣，其他如河南虞城縣西南、湖北鄖縣，自忠縣也都有黎的傳說。

[42] 顧頡剛：〈尚書西伯戡黎校釋譯論〉，《中國歷史研究集刊》第一輯，頁 59。

[43] 楊寬：《西周史》，頁 68。

去的，還有待考證，因此這一路線圖也就不易繪出。將來考證
這一問題的論文，豈可不附上自繪地圖加以表示？

四、結論

　　研究中國上古史，王國維先生曾創「二重證據法」，主張以
地下史料印證紙上史料[44]，這完全符合講求證據的科學精神，被
認為是史學研究的方法之一。就商周史的研究而言，能以古文
字、古器物或遺址遺跡印證文獻記載，自然可以使某些歷史真
相大白於世。但就某些議題而言，如本文所舉之數例，僅靠「二
重證據」顯然是無法達成研究的目的，而必須配合地圖，才能
把自己的意見說清楚、講明白。因此，從事商周史的研究，就
不能不具備歷史地理的知識和學養和繪製地圖的能力。地圖應
視為論文的一部分，是文字敘述的「共同體」。因此，凡涉歷史
地理的商周史研究議題，地圖既不能付之闕如，也不能從「歷
史地圖集」中，隨便拿出一篇來作為「萬用」地圖敷衍了事。

　　繪製歷史地圖自然有某種程度的困難，所以有些人乾脆置
之不理，有些議題不附地圖實在不行，但自己又繪不出來，於
是只好借用其他論文中的地圖權充一陣，文章表面看起來琳瑯
滿目，實際上妝點門面而已。

　　繪製歷史地圖較一般地圖更為困難，其原因是古代的地名
如城邑、山川與後代同名而異地的情形甚為普遍，究竟何者為

---

[44]　王國維：〈古史新證〉，《王國維先生全集》（六），臺北文華出版公司，
　　　頁 2085。

是，必須詳加考辨。有些地名異說甚多，研究者必須表示自己
的立場而作出選擇，不可模稜兩可或態度曖昧。因爲討論古代
史的議題，大都有爭論性，明確表示自己的意見，代表著自己
的學術觀點和立場，有的人繪不出配合自己論文觀點的地圖，
大借考古報告的地圖充數，則是毫無意義的動作。

　　從本文的討論中，附帶發現了另外一個問題，即歷史專業
的訓練，似乎忽略了繪圖的能力，有些在商周史的研究中博得
了大名的人，居然在討論重大議題論文中連一幅簡單的地圖也
附不上去，這是史學界應該深切檢討和反省的地方。

　　回顧近數十年學者所編之歷史地圖中，以譚其驤先生主編
之《中國歷史地圖集》最爲完備[45]，中國文化大學程光裕、徐聖
謨二位教授所編《中國歷史地圖》亦稱詳密[46]，這些地圖對於史
學研究，自是不可或缺的工具書，但卻不是討論任何議題都可
以拿來作爲「萬用靈丹」使用。時代在進步之中，對於學術論
文的要求，自也日趨嚴格，在商周史研究的許多「議題」中，
作爲一個研究者，必須具有自繪地圖的能力，才能發揮自己論
文的觀點，不可依靠他人地圖虛張聲勢。前輩學者之中，個人
敬佩嚴耕望先生、王恢先生、譚其驤先生、史念海先生，他們
都能在自己的論文中，隨心所欲的繪出自己所要表達的地圖
來，這才是真才實學，也才有忠於學術的精神。

---

[45]　譚其驤主編《中國歷史地圖集》共 8 冊，上海地圖出版社，1982 年 10 月。
[46]　張其昀監修，程光裕、徐聖謨主編：《中國歷史地圖》上下二冊，中國文
　　　化大學出版部印行，民國 69 年。

本文原發表於中國文化大學史學系主辦「史地關係學術研討會」，
2000 年 11 月。這次研討會沒有出版論文集。

八、再論商周史研究議題中的地圖問題

摘　要

　　本文係在〈論商周史研究議題中的地圖問題〉一文的基礎上，繼續討論研究商周時代歷史，有許多「議題」，必須附上適當的地圖，並申論必須附有地圖的理由，強調所附地圖應視為論文的一部分。以往有許多學者研究商周史論文應附地圖而未附，或所採他書與主題不相干之地圖，於論述毫無幫助，為了維持基本的學術水準，這是今後極需檢討改進的地方。

關鍵詞：議題、地圖、商周史

一、引言

商周雖然都是古代的信史，但是仍有許多問題尚未得到解決，而成為學術研究上的重大議題。在這許多重大的學術議題之中，有的不需要地圖，有的則非地圖配合不可。例如討論武王克商的年代、西周諸王的年代，都是解決商周積年具有關鍵的議題，這些年代問題的討論，自然不用附上地圖。

但有些學術議題就必須附上地圖才行，只靠文字的敘述，顯然是不夠的。以殷商史而言，商族的起源、湯亳的地望、商湯伐桀、殷都屢遷諸問題；以西周史而言，周族的起源與先周考古、周族東進與武王伐紂的路線，周初封建與周公東征諸問題，都涉及了歷史地理，許多地名和山川形勢，如果只用文字敘述，對於問題的探討就難以落實，歷史地理素養不足的讀者也只能得到模糊的印象，因此，論文中的地圖，應該是論文中不可或缺的一部份。

在前輩學者討論商周史議題的論文之中，有的應該附上地圖而沒有附，原因應是繪製歷史地圖已屬專門學問的領域，繪製不易，能力不及，因此就只好付之闕如了。

我們不難發現在一些當代知名的學者著作中，有的借用他人著作中的地圖，這表示論文中的地圖不可或缺。不過，借用他人論文中的地圖乃是不得已之舉，不可能適當，因為即使屬於同一個學術議題的領域，但不同的論述題目，各有其申論的重點，地圖係配合自己的敘述和論點而設計，借用他人論文中

的地圖，或可在論文的外部形式上，妝點的琳瑯滿目，熱鬧非凡，但如仔細與論文中的敘述文字對照，則可發現圖文「各自表述」甚或有牛頭不對馬嘴的現象。這是研究者需要深切檢討的地方，被「借」之地圖無罪！

　　前輩學者對於商周史論文的撰作，有文無圖的現象，固甚普遍，但是有的學者爲了幫助讀者進一步的瞭解他的論述，仍然會附上地圖作爲輔助。例如傅斯年〈大東小東說〉，所附地圖雖然簡略，但大致尚能粗略地顯示出其論文所要討論的方位[1]（參附圖一）；又如石璋如先生在探討商代銅礦分佈的一篇論文中，所附地圖完全配合文字的敘述，使讀者一目了然[2]（參附圖二）。而且都是作者自繪的。

　　筆者在以往寫作的過程中，也忽略了應附地圖的重要性，幾篇討論夏商地理問題有關的論文中都應附上地圖而沒有附上[3]。這種情形很需要檢討改進。

---

[1]　傅斯年〈大東小東說〉，原刊《中央研究院歷史語言研究所集刊》第 2 本第一分，民國 19 年 5 月；收入《傅斯年但集》第 3 冊，頁 9-22，聯經出版事業印行，民國 69 年 9 月初版。

[2]　石璋如：〈殷代的鑄銅工藝〉，《中央研究院歷史語言研究所集刊》第 26 本。

[3]　例如王仲孚：〈湯亳地望與歷史教學〉，國立師範大學國文學系、中央研究院歷史語言研究所編《甲骨文發現一百週年學術研討會論文集》，臺北文史哲出版社印行，民國 88 年 8 月；〈從夏都地望看夏代的中央與地方〉，國史館主辦，國史上中央與地方的關係—中華民國史專題第五屆討論會論文，民國 88 年 12 月。以上二文皆應附地圖而未附，誠為缺撼。

二、商周史研究須附地圖的議題

所謂「議題」，是指正在從事研究或一直都在研究或討論而未取得結論的問題。商周史的研究議題很多，如「夏商周斷代工程」欲解決的武王克商的年代及殷周的積年，即屬商周史研究的重大議題。在商周史的研究中，這類議題是老問題久懸而未決，就議題的性質而言是不需附地圖的。

商代與西周，在中國上古史發展的過程中居於重要階段，孔子說：「殷因於夏禮，周因於殷禮」[4]，足以說明其在歷史文化傳承上的重要性。商史在民初疑古風氣極盛之時，一度也受到懷疑[5]，但自甲骨文與安陽殷墟發現後，大量的地下遺蹟遺物出土，已足以證明商史的可信，而無庸置疑了。

雖然如此，殷商史未能解決而成為研究的「議題」者仍然甚多，著者曾提出殷商史尚待解決的一些問題五項：1.殷商帝王譜系的考證問題；2.商族起源問題；3.湯亳的地望問題；4.殷都屢遷問題；5.殷代的氣候與農業問題。[6]事實上，殷商史當待解決的問題當然不止於此。

在上述的商史研究「議題」之中，最需要地圖配合的，應以商族起源、商亳地望、殷都屢遷三者最不可缺少。關於商族

4　《論語·為政篇》孔子答子張問時所言。

5　顧頡剛：〈自述整理中國歷史意見書〉一文說：「東周以上只好說無史」，見《古史辨》第 1 冊上編，頁 34-35，臺北明倫書局。

6　王仲孚：〈殷商史尚待解決的一些問題—悼念胡厚宣先生〉，張永山、胡振宇主編：《胡厚宣先生紀念文集》，頁 23-27，科學出版社，1998 年。

的起源，根據「鳥生傳說」推測，應起於「東方」即指豫東、魯西一帶[7]。近代學者對於此一「議題」，尚有「西方」說，即陝西商縣、「河北」說、「東北」說、「晉南」說等不同的看法[8]。由於文獻史料記載的先公王亥的故事發生在河北易水一帶，而考古學的先商文化分佈在於太行山東麓的河北地區達河南省的鄭州市，鄒衡先生力主「北方」說，可惜在他的幾篇重要論著中，都沒有附上地圖[9]。邁入 21 世紀，朱彥民先生對於商族起源問題作了綜合的考察，撰成專書，歸納各家商族起源學說共八種，附插圖 42 幅，但多為器物圖，相關之地圖僅三數幅而已，雖然仍感不足，但較以前許多學者的著作，進步多矣[10]。

7　《詩經·商頌·玄鳥》：「天命玄鳥，降而生商」，近代主張起於「東方」的學者如徐中舒氏認為商族早期活動在山東齊魯一帶，見〈商史中的幾個問題（上）〉，《四川大學學報》1979 年第 2 期頁 110，其他相似主張者亦多，茲不列舉。

8　參黃競新：《從卜辭經史中考殷商民族源流》，國立臺灣大學中文研究所博士論文，民國 71 年；梁國真：《商周時代的東夷》，中國文化大學史學研究所博士論文，民國 83 年。

9　鄒衡：《夏商周考古學論文集》，頁 203-215，文物出版社，1980；又見〈綜述早商亳都之地望〉，《中國商文化國際學術討論會論文集》，頁 85-87，中國大百科全書出版社發行，1998 年 9 月，收入《夏商周考古學論文集》（續集）頁 117-119，科學出版社，1998 年 4 月。

10　朱彥民：《商族的起源、遷徙與發展》，北京：商務印書館出版，2007 年 8 月。

　　商湯都亳之地望究在何處，司馬遷《史記‧殷本紀》未提及，自漢魏以來的學者則眾說紛紜，莫衷一是[11]。近代王國維先生〈說亳〉一文主北亳說，亳地在山東曹縣[12]，許多通史著作多從之[13]，但董作賓先生〈卜辭中的亳與商〉一文，根據甲骨文考證在安徽亳縣[14]，自1950年鄭州商城發現後，鄒衡先生認為此一商城為湯都之亳[15]，但1983年偃師商城發現後，學者對照《漢書‧地理志》認即商湯之亳都[16]於是，「鄭亳說」和「偃師西亳說」就成為商史研究的一大「議題」，學者各據考古資料立說，

---

[11]　漢、魏以來對於亳都地望的意見可以班固和皇甫謐為例。《漢書地理志》河南郡偃師縣下云：「尸鄉，殷湯所都。」；《史記‧殷本紀》〈正義〉引皇甫謐謂：「梁國，穀熟為南亳，即湯都也」。

[12]　王國維：〈說亳〉，《觀堂集林》卷13，臺北河洛書局印行。

[13]　例如傅樂成《中國通史》頁14即採董說，大中國圖書有限公司，民國53年。最近四十年來，台灣地區的中學歷史教科書也大都採舊說，或董、王二說並列。

[14]　董作賓：〈卜辭中的亳與商〉，《大陸雜誌》第6卷第1期，民國42年1月。高去尋：〈商湯都亳的探討〉，董玉京編《董作賓先生誕辰九五紀念文集》，編者自印，民國77年。

[15]　鄒衡：〈鄭州商城即湯都亳說〉，《文物》1978年第2期；又見《夏商周考古學論文集》頁184-202，文物出版社，1980年。

[16]　偃師商城發現於河南偃師尸鄉溝，據《漢書‧地理志》稱，偃師尸鄉為殷湯所都之地。1983年考古工作者在此地發現商城遺址，學者認為係湯都之西亳。見中國社會科學院考古所河南二隊：〈1983年秋河南偃師發掘簡報〉，《考古》1984年第10期；方酉生：〈論偃師尸鄉城址為商都西亳〉，《中國商文化國際學術討論會論文》，中國社會科學院考古研究所編印，1995年；趙芝荃、徐殿魁：〈河南偃師商城西亳說〉，《全國商史學術討論會論文集》，《殷都學刊增刊》，1985年。

雙方的支持者至今仍相持不下，這一商史研究的重要「議題」，都應該依據繪圖來顯示新問題的所在，才能給讀者更清晰的印象。

　　史載殷人屢遷其都，有「前八後五」之說[17]，近代學者如丁山、王國維、趙鐵寒諸氏，對於殷商都邑之分佈與遷徙的地望皆有專文考證[18]，至於殷人為何屢遷，討論的更為熱烈，然以推測之詞為多，難成定論[19]，「殷都屢遷」問題，遂成為商史研究的重要「議題」之一。

　　至於西周史，文獻史料和地下史料較商代更為豐富，但至今未能解決的學術議題並不較商代為少。除了上述武王克商年

---

[17]　張衡《西京賦》稱「殷人屢遷，前八後五」，《史記‧殷本紀》「自契至成湯八遷，湯始居亳，從先王居」。司馬遷未寫出「八遷的地名」，因有王國維諸氏之考證。

[18]　丁山：〈由三代都邑論其民族文化〉，《中央研究院歷史語言研究所集刊》5本1分，民國24年；王國維：〈說自契至於成湯八遷〉，《觀堂集林》卷十三；趙鐵寒：〈殷前八遷的新考證〉，《古史考述》，正中書局，民國54年。

[19]　例如：柳詒徵認為殷人之遷都實含遊牧行國性質，見《中國文化史》上冊，頁134，臺北正中書局，民國37年1月初版；傅築夫認為出於「游耕」現象，見〈關於殷人不常厥邑的一個經濟解釋〉，《文史雜誌》第四卷第5、6期，1944；張光直〈夏商周三代都制與三代文化異同〉一文提出聖都俗都說，認為商人之屢遷係環繞聖都尋找銅礦，見《中央研究院歷史語言研究所集刊》第55本第1分，民國73年。其他說法還很多，茲不逐一列舉。筆者以往採傅築夫「遊耕」之說，見王仲孚：〈殷先公先王與成湯傳說試釋〉，《國立台灣師範大學歷史學報》第9期，民國70年5月，收入《中國上古史專題研究》，五南圖書出版公司，民國85年。今日看來有重新檢討之必要。

代、西周諸王年代、周族起源問題外，其他如文王東進與武王伐紂的路線、周公稱王或攝政、三監人物及其統治地區、周初的封建與宗主、井田與西周的土地制度、先周考古、周原考古以及大量金文材料的斷代及詮釋等問題，也都是關心中國上古史的人所期待解決的問題。這些西周史的新舊問題，正因為一時不能解決，才成為學術上的「議題」。

在這些西周史研究的「議題」之中，周族的起源、文王的東進與武王伐紂路線、三監人物與統治區域，最需要配合地圖來論述，只靠文字敘述，問題說不清楚，讀者是不易理解的。

關於周族的起源，據《史記・周本紀》稱，姜原履巨人跡而生棄，堯時封棄於邰，號後稷。據《史記正義》引《括地志》，邰在陝西武功縣。至公劉時居於豳（邠），古公亶父時遷於岐山之下的周原。依《史記・周本紀》的記載，周族起源的地區在渭水、涇水流域，但在三十年代，錢賓四先生曾主張周人發祥於山西省汾水下游的新絳、聞喜一帶，至古公亶父時才越黃河西遷至陝西境內[20]，齊思和氏則主張傳統之舊說[21]，至今仍有頗

---

[20]　錢穆：〈周初地理考〉，《燕京學報》第 10 期，1931 年。臺北東方文化書局 1972 年複刊本。

[21]　齊思和：〈西周地理考〉，《燕京學報》第 30 冊，1936 年。臺北東方文化書局 1972 複刊本。

多學者贊同錢說[22]，有關周族起源的討論，遂成為西周史研究的
重要議題。事實上，討論這類議題，地圖是不可或缺的。

周人自古公亶父開始有「翦商」之志[23]，文王時代，曾經滅
了許多小國，如密須、邘、崇、虞、芮、黎等[24]，學者之間對於
這些小國的地理分佈，有許多不同的意見，因此這也成為研究
西周史的議題。又如武王伐紂使殷亡周興，自是上古史的大事，
武王伐紂的進軍路線為何固然是研討西周史的議題，而《尚書·
牧誓》載武王伐紂時所謂「牧誓八族」[25]—庸、蜀、羌、髳、微、
盧、彭、濮，其分佈的地區究在何地？傳統的說法和現代學者
的考證不同，研究者應如何選擇？都是從事西周史研究無可迴
避的議題。

至於「三監」人物，王引之在《經義述聞》卷三《三監》
條下說：「監殷之人，其說有二。或以為「管叔、蔡叔」而無「霍
叔」，《左傳·定公四年》、《楚語》、《小雅·棠棣序》、《豳風·
鴟鴞》、《破斧傳》、《呂氏春秋·察微篇》、〈開春篇〉、《淮南子·

---

[22] 贊成周族起源於山西南部的學者，如鄒衡《夏商周考古學論文集》論先周
　　文化，文物出版社，1980 年；王玉哲：〈周族最早來源於山西〉，《中華
　　文史論叢》，1982 年第 3 輯；楊升南：〈周族的起源及其播遷〉，《人文
　　雜誌》1984 年第 6 期。

[23] 《詩經·魯頌·閟宮》稱：「后稷之孫，實為太王，居岐之陽，實始翦商。」

[24] 《尚書大傳》稱文王「受命」之後：「一年斷虞芮之訟、二年伐邘、三年
　　伐密須、四年伐犬戎、五年伐黎、六年伐崇、七年而崩」，《論語·泰伯》
　　稱文王之時，「三分天下有其二。」

[25] 牧誓八族，據錢穆〈周初地理考〉一文認為都在殷畿附近，與傳統的說法
　　不同。

汜論訓》、〈泰族訓〉、〈要略篇〉、《史記‧周本紀》、〈魯世家〉、
〈管蔡世家〉、〈衛世家〉是也。或以爲「管叔、霍叔」而無「蔡
叔」，《逸周書‧作雒篇》、《商子‧賞刑篇》是也。武庚及二叔
皆有監殷臣民之責，故所謂之「三監」，或以爲「武庚、管、蔡」
爲三監，或以爲「武庚、管、霍」爲三監，則傳聞不同也。然
蔡與霍不得並舉，言蔡則不言霍，言霍而不言蔡矣。置武庚不
數，而以「管、蔡、霍」爲三監，則自康成始爲此說。[26]三監人
物如不能決定，則其在周初的統治地區自也無法確定。這些都
是從事西周史研究必須面對的問題，尤不可忽略地圖對於討論
這些議題的重要性。

三、商周史論著所附地圖的回顧與檢討

回顧以往有關商周史的專書與論文，有的只有文字敘述，
沒有一幅地圖，這種情形，在 20 世紀是頗爲普遍的現象，知名
學者也大多如此。例如：在早期學者的著作中，王國維、董作
賓、錢穆、齊思和諸氏在前面提到的著作中，應該附以地圖但
都沒有。呂思勉、郭沫若、丁山、徐中舒諸名家，在他們涉及
商周史的一些著作或論文中，也都沒有附上該附的地圖。例如
呂思勉的《先秦史》一書，可稱皇皇巨著，但全書皆以文獻敘

---

[26] 採自朱楨、王健〈由《康侯簋》銘文說到周初三監〉，《殷都學刊》1988
年第 3 期，頁 14。

述，沒有附上任何地圖。[27]郭沫若很早接到處甲骨文，發表有關

殷商史的論文與專書頗多，例如《中國古代社會研究》、《奴隸

制時代》，沒有一篇附圖[28]。或許有人會說，郭氏這些有關商周

史議題的論著，在性質上沒有加附地圖的必要，但是我們認為

如能配合文字加附適當地圖，則有助於論述的清晰與讀者的理

解。丁山氏有關於商周史的論著既多而且嚴謹，甚受學術界肯

定，遺憾的是都沒有附上地圖。以所著〈由三代都邑論其民族

文化〉一文為例，[29]有表無圖，所列之表甚為清楚，如能配以地

圖，必定更為精彩。徐中舒在「中國上古史」的領域裡，研究

成果非常豐富而且具有啓發性的論述很多[30]，可惜都沒有附上地

圖。徐氏大部分論文的性質，是不需附地圖的，有的則必需附

上才是。例如〈殷周之際史蹟之檢討〉一文所論諸事，如：一、

太王伐鬼方與震用伐鬼方；二、太王翦商與太伯仲雍之君吳；

三、漢陽諸姬；四、周公奔楚；五、庸蜀羌髳微盧彭濮人；六、

---

[27] 呂思勉的《先秦史》一書，台灣開明書店於民國 50 年 3 月曾加以重印發
　　行，但刪去了作者的名字。

[28] 《中國古代社會研究》收在《郭沫若全集・歷史篇》第 1 卷，人民出版社，
　　1982；《奴隸制時代》收在《郭沫若全集・歷史篇》第 3 卷，人民出版社，
　　1984。

[29] 丁山：〈由三代都邑論其民族文化〉，《中央研究院歷史語言研究所集刊》
　　5 本 1 分，民國 24 年。

[30] 徐氏一部份論文收在《徐中舒歷史論文選輯》上下冊，北京：中華書局，
　　1998 年 9 月。

三分天下有其二以服事殷；七、東夷叛商與紂剋東夷[31]，都需要地圖輔助說明，沒有附上地圖，對於論文的完整性不無缺憾。

　　在 20 世紀後半世紀的 50 多年來，台灣地區研究商周史的學者之中，以張光直院士、許倬雲院士、杜正勝院士三人最享盛名。張光直院士為美國哈佛大學考古學教授，學術成就享譽國際。但是檢查他著作中的歷史地圖，則不能不令人失望。例如：他的兩本英文著作，The Archaeology of Ancient China《考古學所見的中國古代史》，Shang Civilization《商代文明》二書，許多地圖借用他書地圖，自繪者都很簡陋，其特徵是沒有「圖例」，內容不能清楚呈現要表達何事？例如：《商代文明》附圖 1：Possible locations of the capital dates of the Shang dynasty（商代都城的幾個可能遺址）及另一大作〈夏商周三代都制與三代文化異同〉一文所附地圖「商代都城的位置」可為代表[32]，而「商代都城的位置」一圖之簡陋情形，恐不如一份中學生的作業，令人不敢相信。[33]（參附圖五）許倬雲院士，美國芝加哥大學博士，

---

[31]　原刊：《中央研究院歷史語言研究所集刊》第 7 本第 2 分，1936 年 12 月。收論入《徐中舒歷史文選輯》上冊，頁 652-691，北京：中華書局，1998 年 9 月。

[32]　〈夏商周三代都制與三代文化異同〉一文原刊：《中央研究院歷史語言研究所集刊》第 55 本第 1 分，頁 62，民國 73 年 3 月，收入《中國青銅時代》第 2 集，聯經出版事業公司，民國 79 年。

[33]　此圖收於《中央研究院歷史語言研究所集刊》第 55 本第 1 分，頁 62，民國 73 年 3 月，收入《中國青銅時代》第 2 集，聯經出版事業公司，民國 79 年。

是以中國上古史為研究領域的知名學者，曾發表有關商周史的論文很多，收在《求古篇》[34]其中有的論文應附地圖而未附，如〈周人興起與周文化的基礎〉、〈周東遷始末〉諸文；有的借用他書的地圖，如〈周代都市的發展與商業的發達〉一文[35]。所作《西周史》一書，僅在該書首頁附上一張「西周形勢略圖」，而且「略」而不「實」，例如：「牧誓八族」──庸、蜀、羌、髳、微、盧、彭、濮，只列了三族，「圖例」中的「圓圈○」為「大諸侯國」，但是地圖上的「小諸侯國」也一同使用，如此，從地圖上就看不出諸侯國大小。在必需附有地圖的章節，也是借用他書的地圖，而且是英文的著作的地圖，圖中的地名沒有任何標示，根本無法與文字的敘述配合[36]。

　　至於杜正勝院士，台灣大學歷史系碩士，是一位青年本土學者，早在兩岸對抗互不來往、大陸學者一切著作列為禁書的時代，即以大量運用大陸考古報告、大陸學者著作撰寫商周史享譽台灣史學界。其碩士論文《周代城邦》於 1979 年 1 月正式出版，沒有附上一張應附的地圖，例如該書第二章「周人的武

34　許倬雲著《求古篇》，共收論文 28 篇，其中中國上史占 17 篇，聯經出版事業公司，民國 71 年。

35　《求古篇》所收〈周代都市的發展與商業的發達〉一文，引用外文書地圖 4 幅，見該書頁 121、122、124、144。

36　許倬雲《西周史》，頁 291，圖 67、圖 68；頁 293，圖 69，聯經出版事業公司，1984 初版。2001 年北京三聯書店印行簡體字「西周史（增補本）」，除了把「西周形勢略圖」移於書末之外，頁 305，圖 67、圖 68；頁 306，圖 69，三圖與初版相同，只有頁次增加，沒有任何改變。

裝殖民與邦國」就應該有地圖輔助文字說明，經過多次「刷」印行銷，卻沒有補上一張地圖[37]。杜正勝院士有關西周史的幾篇論文，幾乎都沒附上配合文字的適當地圖，偶而有之，不是簡陋不堪，就是借用大陸學者的地圖。例如：杜院士為《中國上古史待定稿》寫的兩篇有關「西周史」的論文：〈周代封建的建立：封建與宗法（上篇）〉，〈周代封建制度的社會結構：封建與宗法（下篇）〉[38]，其（上篇）所附「插圖一」沒有全圖的名稱，沒有河流、湖泊名稱，沒有重要山脈，因此許多地名的定位不清楚，而「圖例」之三角形△之說明：「本文涉及之地名或出土地點」，「出土地點」語意不明，且地圖中的地名文字超小，以致此圖不能發生任何功用[39]。

借用他人著作中地圖，有時彼此論點不同，容易發生很大的錯誤。杜正勝院士在〈先周歷史的新認識〉一文，採用大陸學者論著中的地圖5幅[40]，其中「周文王向東發展示意圖」係採自顧頡剛：〈尙書・西伯戡黎校釋譯論〉一文[41]，杜院士對於周文王向東發展，引《詩經・大雅・緜》第九章：「虞芮質厥成，

---

[37] 《周代城邦》於1979年1月正式出版，2003第5刷。

[38] 收在《中國上古史待定稿》第三本，兩周篇之一：史實與演變。中央研究院歷史語言研究所，中國上古史編輯委員會編刊，1985年4月）

[39] 見《中國上古史待定稿》第3本，頁67-68。

[40] 杜正勝〈先周歷史的新認識〉，原刊《國立台灣大學歷史學系學報》16期，1991年8月；收入：《古代社會與國家》，頁273-310，允晨文化，1992年10月。

[41] 顧頡剛此文發表於《中國歷史文獻研究》第1輯，所引地圖見頁59。

文王質厥生」，對於虞國和芮國的地望，並沒有指出地當何處？
那就是默許一般的解釋：虞在今山西省平陸縣，芮在今山西省
芮縣，一說在陝西省大荔縣。總之，在黃河從山西省南下向東
轉彎的一帶。

　　但是顧詰剛這一地圖，對於虞、芮兩小國的地望，畫在涇
水流域的上游，也就是與傳統的說法呈相反的方向。（參附圖三）
因此杜正勝院士採用此圖與他的論述，是相互矛盾的。

　　杜正勝院士在此文中寫道：「（文王）伐崇之後，在今鄠縣
邊建築豐邑」，杜院士不察，借用之地圖上沒有鄠縣，而「崇」
的地望，素有異說，顧詰剛此圖把「崇」國置於河南伊水下游，
嵩山東南。（見《古代社會與國家》，頁 308 引，允晨文化，1992）
杜院士既採用此圖，而又說「（文王）伐崇之後，在今鄠縣邊建
築豐邑」文王大軍如何能越過商朝控制的廣大地區，遠征至河
南嵩山附近，再返回陝西中部「建立豐邑」？借用地圖應適當
地有助論述，否則豈不成了妝點版面嗎？

　　以上所舉，僅略作取樣而已，並非全面檢視。老輩學者「具
往矣」，上舉三位院士之中，張光直院士已經作古，可暫不檢討，
另兩位院士仍活躍在台灣史學界，應率先反省檢討，作學界表
率。事實上，地圖問題的重要性，不限於殷商史的研究而已。
就某些議題而言，沒有地圖，或隨便借用他書地圖敷衍一番，
都不具備論文的完整性。

四、商周史議題應附地圖的必要性

在上述商周史研究的許多「議題」之中，有些必須附以地圖，因爲只靠文字敘述是表達不清楚的。我們必須強調，有些商周史「議題」，地圖根本就應該屬於論文的「共同體」，而不應作爲「附加」的部分。

以商族的起源和滅夏而言，商族的起源地有許多不同的看法，每一種看法代表了不同學者的學術立場，因此在敘述夏商交替殷商革命，或討論亳都地望時，就必須作出決定，再依自己的決定繪製論文中的地圖，所繪之地圖實屬表達著者學術立場的一種方式，與文字敘述具有同等的地位

以夏商交替而言，據《史記‧夏本紀》載「湯修德，諸侯皆歸湯，湯遂率兵以伐夏桀。桀走鳴條，遂放而死」，〈殷本紀〉稱：「桀敗於有娀之虛，桀奔於鳴條，夏師敗績。湯遂伐三㠅，俘厥寶玉，義伯、仲伯作《寶典》。」

以上兩段史料，是研究夏商交替歷史的主要文獻史料之一，有兩個地名的地望必須確定，一是湯都亳，二是鳴條。才能把「殷革夏命」的過程描繪出較清晰的輪廓，否則給我們的印象是模糊的。

但是，亳都的地望異說頗多，在商史的研究上「鳴條」亦然，例如舊注多主鳴條在山西安邑附近，亦即距桀都不遠，例如《史記‧夏本紀‧集解》引孔安國曰：「地在安邑之西」，《殷本紀‧正義》引《括地志》云：「鳴條，戰地，在安邑西」。但，

東漢的鄭玄認為是「南夷地名」[42]又如文獻記載湯敗桀於鳴條之後，有「遂伐三㚇」之語，舊注多主「三㚇」在今山東西南部的定陶縣[43]，那末鳴條也應該在定陶附近才是[44]。因此，面對以上的情形，必須就亳與鳴條的地望作出選擇，然後繪圖表示之，就鳴條的地望而言，可能出現二幅截然不同的地圖，但此一地圖代表的是著者的學術主張和立場，王恢先生所繪的〈湯征諸侯與伐夏〉，對於鳴條便表示了自己的主張。[45]（參附圖四）

關於殷都屢遷的考證，在前輩學者的論文中，以沒有附圖的居多，或所繪圖十分粗略，與文字之敘述，完全不能配合，且亦不合繪圖之體例。例如前面提及張光直院士「商代都城的位置」圖，即屬顯例。（參附圖五）

殷都自湯至盤庚之五遷，依文獻記載為：湯始居亳、仲丁遷隞、河亶甲遷相、祖乙居庇、南庚遷奄、盤庚遷殷。[46]而且對

---

[42] 《史記‧夏本紀》集解引。

[43] 《書序》云：「伊尹相湯伐桀，升自陑，遂與桀戰於鳴條之野，作《湯誓》。夏師敗績，遂伐三㚇，……」《後漢書‧郡國志》：「濟陰郡定陶縣有三㚇亭」《殷本紀》《正義》引孔安國曰：「三㚇國名，桀走保之，今定陶也。」〈正義〉引《括地志》云：「曹州，濟陰縣即古定陶也。」

[44] 三㚇《書序》作三㚇，《後漢書‧郡國志》作三㚇，焦循《孟子‧正義》認為「由鳴條遂伐三㚇，鳴條當亦不遠。」見《新編諸子集成》第1冊，頁317，世界書局印行。

[45] 王恢：《中國歷史地理》下冊，頁633，台灣學生書局印行，民國73年8月再版本。

[46] 《竹書紀年》與《尚書‧序》所載湯至盤庚的五遷地名如下：
　　竹書紀年覈覽83引　　尚書序
　　外丙居亳　　　　　　湯始居亳

考古新資料如何處理？如鄭州商城和偃師商城何者是亳都？隞都舊說在河南滎陽，今人則有主鄭州商城的。[47]楊升南先聲在討論此一問題時，主張自湯至盤庚共六遷，認為「商人在成湯建國以後到盤庚遷都於殷」，共有六次徙都，它們是：（1）湯自魯西的北亳遷到豫西的偃師西亳；（2）仲丁自西亳遷於隞（今河南鄭州）；（3）河亶甲自隞遷於相（今河南省內黃縣）；（4）祖乙由相遷庇（今山東魚臺縣境）；（5）南庚由庇遷奄（今山東曲阜）；（6）盤庚由奄遷殷（今河南安陽小屯村）。[48]楊文附有「殷人屢遷辨析」圖。（參附圖六），該圖實表示了著者對商都遷徙的重大意見：一是選擇了北亳即王國維的考證和偃師西亳皆為湯都；二是選擇了鄭州為隞都；三是主張湯至盤庚為六遷。筆者所期望的商周史研究議題中的論文，至少應該附上符合自己主張的地圖。

在西周史研究的「議題」中，周族起源和先周考古固然應附上配合個人主張的地圖，以表示自己贊成起於山西南部或起

仲丁自亳遷於囂　　　　仲丁遷於囂（《殷本紀》作「隞」）

河亶甲自囂遷於相　　　河亶甲居相

祖乙居庇　　　　　　　祖乙圮於耿（《殷本紀》作「遷於邢」）

南庚自庇遷於奄

盤庚自奄遷於北蒙曰殷　盤庚宅殷（《殷本紀》作「治亳」）

引自陳夢家《殷墟卜辭綜述》，頁251，北京：中華書局印行，2004年4月第二次印刷。

[47]　安金槐：〈試論鄭州商代遺址——隞都〉，《文物》1960年第4、5期。

[48]　楊升南：〈殷人屢遷辨析〉，《甲骨文與殷商史》第2輯，頁204，上海古籍出版社，1986年6月。

於渭水涇水流域，可惜似未有論文出現過這樣的地圖。至於文王時代的東進，更需要適當的地圖配合。而此一地圖須依自己的意見繪製，不宜從他人論文中的地圖加以借用。因為在這一段史實中必須提及的地名如岐山、周原、豐、鎬、密須、虞、芮等地的方位，已較無爭議，但邘、黎（或作飢、耆）、崇等地望則涉及考據問題，在文王東進的過程中，戡黎、伐崇應是當時轟轟烈烈的大事，《詩經》、《尚書》都有專章記其事。[49]尤其是西伯戡黎—即周文王滅了殷的諸侯黎國，大臣祖伊極為震撼，認為殷朝離亡國之期不遠了，而紂王還不知覺悟。

　　崇即諸侯之國，史載曾向紂王告密誣陷文王，舊注以其地望「崇國蓋在豐、鎬之間」[50]，但也有主張為河南嵩縣一帶。[51]黎國地望亦有許多不同的說法[52]，但以採山西省長治縣之說者較多。戡黎在先、伐崇在後，則崇國如在「豐、鎬之間」則如何

---

[49]　《詩經‧大雅‧皇矣》詩句形容文王進攻崇城之激烈；《尚書‧商書》有〈西伯戡黎〉篇，記文王戡黎後，殷臣祖伊之恐懼，《史記‧殷本紀》照錄其文。

[50]　《史記‧周本紀》〈正義〉引皇甫謐曰：「崇國蓋在豐、鎬之間，詩云：既伐於崇，作邑於豐，是國之地也」。

[51]　陳奐《詩毛氏傳箋》指出《詩經‧文王有聲》之崇，即《左傳‧宣公元年》晉國趙穿所伐之崇，俞樾《俞樓雜纂》卷 28「崇」條認照穿所伐之崇，為虞夏之際鯀所居之崇，即今河南嵩縣，楊寬氏認為「殷周之際的崇國應即今嵩縣附近」，見所著《西周史》頁 71。

[52]　黎的地望：一說在山西黎城縣，一說在山西長治縣，一說在河南濬縣，一說在山東鄆城縣與壽張縣之間，一說在山東堂邑、博平二縣界，一說在山東犯縣，其他如河南虞城縣西南、湖北鄖鄉縣，自忠縣也都有黎的痕跡。參葉達雄：《西周政治史研究》，頁 8，明文書局，民國 71 年。

能越過崇國戡平遠在山西的黎國？因此在繪製文王東進路線之地圖，就必須做出決定。顧詰剛在討論西伯戡黎的論文中，便繪出了符合自己主張的地圖[53]（參附圖三），楊寬《西周史》所附「文王用兵示意圖」，亦作了「崇」的地望在河南的決定，圖雖簡略，著者的意見都表達的很清楚。[54]（參附圖七）這是一種認真負責的表現。

　　在武王伐紂方面，去程的路線較易繪出，因鎬京、臨潼、盟津、牧野、殷都的地望，大致皆已確定，但武王克商後，依利簋所載，似乎不是循原來路線返回鎬京，他是依何種路線回去的，還有待考證，因此這一路線也就不易繪出。將來考證這一問題的論文，豈可不附上自繪地圖加以表示？

五、結論

　　商周史的研究，就某些「議題」而言，應具備三方面史料：文獻記載；古文字及古器物或遺址遺跡；以地圖為代表的「歷史地理學」。王國維先生曾倡「二重證據法」，主張以地下史料印證紙上史料[55]，主要是對商史研究而言的。王氏所謂的「地下

---

[53]　顧詰剛：〈尚書西伯戡黎校釋譯論〉，《中國歷史文獻研究集刊》第 1 輯，頁 59。湖北人民出版社，1980。

[54]　楊寬：《西周史》，頁 68。

[55]　王國維：〈古史新證〉，《王國維先生全集》（6），臺北文華出版公司，頁 2085。

史料」，僅指甲文與金文而言，「二重證據」的提出，也是對當時有人強調「拿出證據來」的有力的回應。

能以古文字、印證文獻記載，自然可以使某些商代歷史真相大白，但就某些議題而言，如本文所舉之數例，僅靠「二重證據」顯然是無法達到研究的目的，而必須配合地圖，才能把問題說清楚、講明白。因此，從事商周史的研究，就不能不具備歷史地理的知識和學養，甚至繪製地圖的能力。從這一角度來檢討，過去許多前輩學者，雖然具備優越的文獻學、古文字學的修養，但在殷商史的研究上，由於缺少地圖的配合，以致於研究的成果，不無缺憾。至於其後的一些研究者，不但古文獻與古文字的基礎薄弱，對於歷史地理知識更是貧乏，繪圖能力就不用說了。所以有人借用他人著作中的地圖，有人繪製粗糙不堪的的地圖，以致於論文的品質，非但沒有較前提升，反而下降。

論文所附之地圖，應視為論文的一部分，是文字敘述的「共同體」。因此，凡涉及與歷史地理有關的商周史研究議題，地圖既不能付之闕如，也不能從歷史地圖集中，拿出一篇來作為「萬用」敷衍了事。

繪製歷史地圖既然有某種程度的困難，所以有些研究者乾脆置之不理，有些雖然意識到研究的議題不附地圖實在不行，但自己又繪不出來，於是只好借用其他論文中的地圖權充一陣，文章表面看起來琳瑯滿目，實際上妝點門面而已。流弊所及，形成虛浮不實的學風。

　　繪製歷史地圖較一般地圖更爲困難，其原因是古代的地名
如城邑、山川與後代同名而異地的情形甚爲普遍，究竟何者爲
是，必須詳加考辨。有些地名異說甚多，研究者必須表示自己
的立場而作出選擇，不可模稜兩可或態度曖昧。因此討論古代
史的議題，大都有爭論性，明確表示自己的意見，代表著自己
的學術觀點和立場，有些人大借考古報告的地圖充數，則是無
助於研究的「假動作」。

　　從本文的討論中，附帶發現了另外一個問題，即台灣半個
世紀多以來，歷史專業的訓練似乎忽略了繪圖能力的訓練，有
些在商周史的研究中博得了虛名的人，居然在討論重大議題論
文中連一幅簡單的地圖也附不上去，這是史學界應該深切檢討
和反省的地方。

　　回顧近數十年學者所編之歷史地圖中，以譚其驤先生主編
之《中國歷史地圖集》最爲完備[56]，中國文化大學程光裕、徐聖
謨二位教授所編《中國歷史地圖》亦稱詳密[57]，這些地圖對於史
學研究，自是不可或缺的工具書，但卻不是討論任何歷史議題
都可以直接拿來作爲「萬用靈丹」使用。時代在進步之中，對
於學術論文的要求，自也日趨嚴格，在商周史研究的許多「議
題」中，作爲一個研究者，必須具有自繪地圖的能力，才能發
揮自己論文的觀點，不可依靠他人地圖虛張聲勢。前輩學者之

---

[56]　譚其驤主編《中國歷史地圖集》共 8 冊，上海地圖出版社，1982 年 10 月。

[57]　張其昀監修，程光裕、徐聖謨主編：《中國歷史地圖》上下二冊，中國文
　　化大學出版部印行。民國 73 年 10 月。

中，個人敬佩嚴耕望先生、王恢先生[58]、譚其驤先生、史念海先生[59]，他們都能在自己的論文中，隨需要繪出自己所要表達的地圖來，這才是真才實學值得後輩效法。

──本文原為〈論商周史研究議題中的地圖問題〉發表於中國文化大學史學系主辦之「中國史地關係學術研討會」，民國八十九年十一月（2000 年 11 月）。該次研討會論文並未出版。茲加以補充修正後發表，敬請方家指正。

原刊《中國上古研究專刊》第七期，2010 年 12 月

---

[58]　例如王恢著《中國歷史地理》附有自繪地圖 58 幅，臺北學生書局印行，民國 65 年初版。

[59]　例如：史念海《河山集》，臺北弘文書局影印本稱《中國史地論稿》，每篇均附自繪地圖，1986 年。

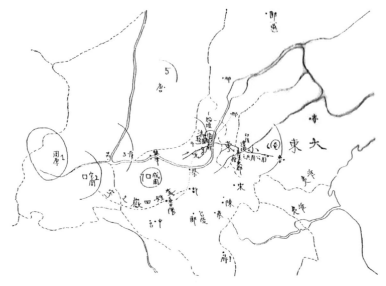

附圖一　傅斯年〈大東小東說〉
《中央研究院歷史語言研究所集刊》第二本第一分，頁109。

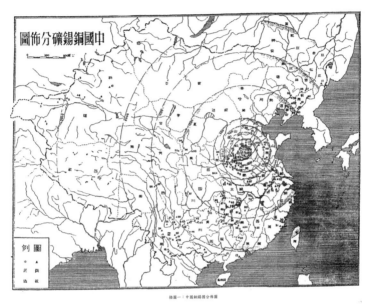

插圖一：中國銅錫礦分佈圖

附圖二　石璋如〈殷代的鑄銅工藝〉　（縮小原圖八分之一）
《中央研究院歷史語言研究所集刊》第二十六本

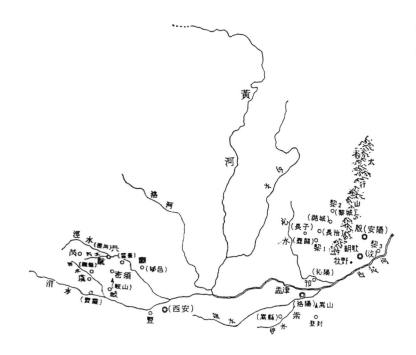

附圖三　顧頡剛〈周文王東向發展示意圖〉

一、圖所列虞、芮二國之位置在西方，代表顧氏
的主張

二、黎列三處，分別以1、2、3 標示

（採自《中國歷史文獻研究集刊》1，頁59）

第四圖

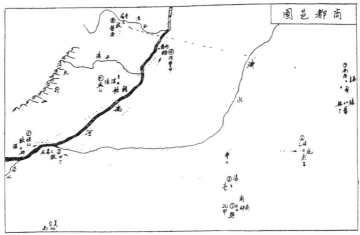

第五圖

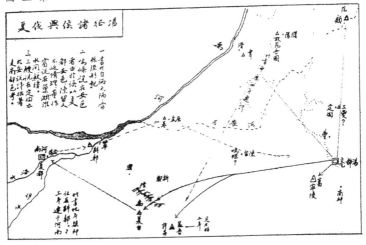

附圖四　王恢《中國歷史地理》下冊，頁632-633。

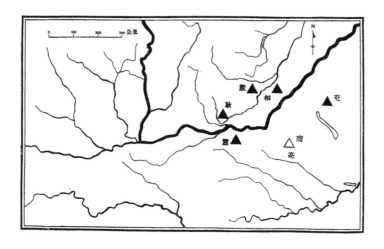

附圖五　張光直〈商代都城的位置〉　（縮小原圖三分之一）
《中央研究院歷史語言研究所集刊》第五十五本第一分，頁52。

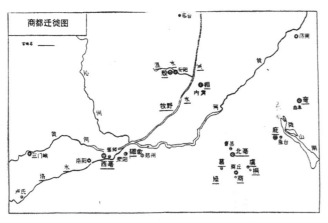

附圖六　楊升南〈殷人屢遷辨析〉
《甲骨文與殷商史》第二輯，頁204。

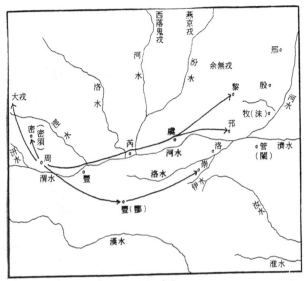

文王用兵示意圖

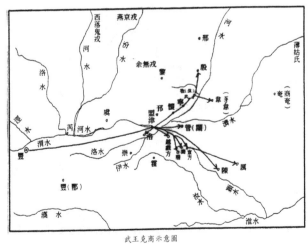

武王克商示意圖

附圖七　楊寬《西周史》，頁068。（上）
　　　　楊寬《西周史》，頁082。（下）

九、殷末紂伐東夷的戰爭性質

摘　要

商王朝末年（約 11 世紀 BC）紂王征伐東夷，並獲得全面勝利，文獻和甲骨文都有記載。

「東夷」在今何地？這次戰爭屬於何種性質？大部分學者認為甲骨文「夷方」就是「東夷」，戰爭地區發生在淮水流域下游。至於戰爭性質，當代學者的意見並不一致，有人認為是「開疆拓土」；有人認為是「掠奪性戰爭」或「二者兼而有之」。

根據新資料並綜合學者意見，本文認為戰爭的地區應在今山東省境內，紂伐東夷應屬於討伐叛國的性質。

一、

商朝末年，帝乙、帝辛曾對東夷發動大規模戰爭，尤其紂王（帝辛）對東夷發動的戰爭，不僅文獻史料透露了這一消息[1]，地下史料甲骨文更有詳細的記載，此即所謂「乙辛征人方」卜辭[2]。近代學者如郭沫若[3]、董作賓[4]、陳夢家[5]、李學勤[6]、鄭杰祥

---

[1]　例如《左傳・昭公四年》：「為黎之蒐，東夷叛之」；昭公十一年：「紂克東夷而殞其身」；宣公十二年：「紂之百克而卒無後」；《呂氏春秋・古樂篇》：「商人服象，為虐於東夷」。

[2]　商王朝征伐人方的卜辭在一期卜辭或三期卜辭即已出現，帝乙、帝辛時代卜辭更多。尤以五期十祀卜辭記錄最詳。

7、王恩田[8]諸家，都有專著考證或論述，雖然對於戰爭的地區和進軍的往返路線，各家主張不無差異，但基本上都確認了這是商朝末年的大事，而且對商朝的覆亡發生了直接的影響。例如郭沫若認為紂伐東夷是「費了很大的力量，打退了東夷的擴張」，導致了牧野之戰的失敗[9]；徐中舒認為殷商雖當末世，國勢猶盛，所以能對東夷發動大規模戰爭。「惟以輕用其力，或即屢與夷方構兵，疲於奔命，致為周人所乘」[10]這些說法雖然在史

3　郭沫若在《卜辭通纂》序文云：「帝乙十祀曾征夷方，經時甚久，夷方者，山東半島，島夷及淮夷者也」，已指出了大致的輪廓，

4　董作賓曾據征人卜辭作《殷曆譜·帝辛日譜》。

5　陳夢家《卜辭綜述》第八章方國地理，第八節「乙辛時代所征的人方、盂方」，見該書頁301、310；又，插圖十「殷末征人方圖」，頁684，台北大通書局影印本，1971年5月，台北初版。

6　李學勤，《殷代地理簡論》第二章「帝乙十祀征人方路程」，頁37-60台北木鐸出版社，1982年4月初版。

7　鄭杰祥，《所代地理概論》「帝辛十年征人方的幾個問題」，頁352，中州古籍出版社，1994年6月。

8　王恩田，〈人方位置與征人方路線新證〉，收入張永山、胡振宇主編《胡厚宣先生紀念文集》，頁104-116，科學出版社，1998年。

9　郭沫若在《中國史稿》第一冊認為牧野之戰時，因為紂伐東夷，「商朝的主力軍遠在東南戰場，一時征調不回來。紂王只好把大批的奴隸和從東夷捉來的戰爭俘虜武裝起來開向牧野，驅上戰場」，結果「奴隸們又群起倒戈，落得身死國亡的下場」。見該書頁220，人民出版社，1976年7月。

10　徐中舒，《殷周之際史蹟之檢討》，原刊《徐中舒歷史論文選輯》上冊，頁688，北京中華書局印行，1998年9月。

學界接受的程度頗高，但仔細思考，實不無商榷之餘地[11]。商朝的覆亡實另有其重大原因，不應與「紂伐東夷」作直接的聯繫。

　　殷紂王為甚麼發動對東夷的戰爭？為了「開疆拓土」？還是對夷人進行掠奪？或者另有更重要的原因？再者，就東夷的地望而言，文獻記載的「夷」分佈甚廣，族類亦多，有「九夷」之說[12]，東夷的名稱不在「九夷」之中，但他應是處於東方之夷，屬「諸夷」之一，也有人認為人方為東夷之一，而「東方」又係指何而言？東夷的地望是否可與「夷方」，或「人方」混為一談？他是商王朝的「宗主國」、「方國」、或「敵國」？[13]

　　認為殷是「東夷」的宗主國，各家都沒有一致的意見。近年由於相關新史料的發現與學者新的研究成果，對這些問題有進一步的討論。我們對新舊意見加以綜合檢視，有助於對「紂克東夷」戰爭性質的瞭解。

二、

　　根據甲骨卜辭，帝辛十祀征人方的規模很大，甲骨學者根據卜辭來往日程以及經過的地名，把戰爭的地區定位在淮水流

---

[11]　王仲孚，殷商覆亡原因試釋，《國立台灣師範大學歷史學報》第 10 期，1981；收入《中國上古史專題研究》台北：五南圖書出版公司，1996。

[12]　見《竹書紀年》、《後漢書東夷傳》。

[13]　陳夢家，前引書《卜辭綜述》。

域以及皖北一帶，所以有人進步推論殷末征人方是「用兵江漢」[14]。

我懷疑把「人方」的地望指向淮水流域，是否受到早年傅斯年《夷夏東西說》一文的影響，傅氏係以黃河流域中下游為範圍，分為東西兩大區域，殷與夷在東區，夏與周在西區，「同在東區之中，殷與夷又不同，諸夷似乎以淮濟間為本土，殷人卻是自北而南的」[15]，這是以中國地理宏觀的角度作區分的，如以殷都安陽或商丘為基準，則淮濟一帶或皖北，應屬「東南」或「南」方，「東方」之夷應另有所指才是。陳夢家指出「夷」的分佈包含了山東半島，李學勤先生則修正了東夷在「殷西」的舊說，改為東夷在「魯北」。[16]

筆者早年對於殷代的「東夷」地望認為應於今山東省境內、即殷都東方求之，但苦無證據，也無緣掌握相關甲骨文與史前考古的一手史料，未敢在名家之前多言。近讀王恩田先生〈人方位置與征人方路線新證〉[17]、焦智勤先生〈新發現的一片征人

---

[14] 見鄧少琴、溫少峰，《論帝乙征人方是用兵江漢》，《社會科學戰線》1982 年第 3、4 期。

[15] 傅斯年〈夷夏東西說〉原刊《中央研究院歷史語言研究所集刊外編第一種慶祝蔡元培先生六十五歲論文集》，民國 22 年。收入《傅斯年全集》第三冊，頁 886。

[16] 李學勤，《走出疑古時代》，遼寧大學出版社，1997 年，頁 331-335。

[17] 見《胡厚宣紀念文集》頁 114-115。

方卜辭〉[18]、孫亞冰先生〈甲骨文中的人方〉[19]諸文，頗多啓發。
王文把「十祀征人方」的起點放在大邑商（河南商丘），「這次
征人方應是攸與人方的矛盾所引起，攸侯喜顯然是從大邑商搬
來殷王作爲援軍與人方交戰的，人方的位置與攸相距當不會太
遠，攸地經考定在滕縣後黃庄一帶。人方位置也應在滕縣左近。」
[20]；焦文指出「新發現的兩片征人方卜辭，證明了人方處在殷商
王國的東土之東，以現在安陽殷墟爲座標，其東方在今山東泰
山、兗州、日照一線上，世人方居住的地區，人方可能爲東夷
之一」[21]；孫文則在總結前人基礎上，排比卜辭征人方地名，主
張「人方在皖北、魯南一帶」[22]。王文對於征人方的原因，似乎
出於揣測，有待進一步討論，且文獻記載的「東夷」與卜辭的
「人方」是否等同，各家也多是籠統言之罷了。例如有人說「人
方即夷方，也就是東夷」恐有商榷。[23]不過，三文對於征人方的
地區的考證，雖有出入，但都指向魯南地區，與文獻「紂克東
夷」的記載對照，則值得重視。

---

[18] 焦智勤〈新發現的一片征人方卜辭〉，中國殷商文化學會主辦「慶祝殷虛
　　申遺成功暨紀念 127 甲骨坑發現七十周年國際學術研討會」論文，河南安
　　陽，2006 年 8 月 10-14 日。

[19] 孫亞冰，〈甲骨文中的人方〉，中國殷商文化學會、山東大學東方考古研
　　究中心合辦「商文明國際學術研討會」會議發表論文，山東濟南，2006 年
　　8 月 6-9 日

[20] 王恩田前引文〈人方位置與征人方路線新證〉，頁 114。

[21] 焦智勤前引文〈新發現的一片征人方卜辭〉，頁 3。

[22] 孫亞冰前引文〈甲骨文中的人方〉，頁 10。

[23] 孫淼《夏商史稿》頁 654，文物出版社，1987 年。

三、

商代末年「帝辛征人方」的原因爲何？也是一項爲學者所注意而未得解決的問題。這與商朝晚期周族在渭水流域興起之微妙關係不能不有所瞭解。

相傳周族在古公亶父由豳遷至岐山時，即已有「翦商」之志[24]，商王對周族採取籠絡與鎮壓並用的手段。史稱古公之子季歷曾爲商的「牧師」，且與殷王室有婚姻關係，最後不免被商王文丁所殺[25]，文丁之父武乙，因獵於河渭之間，被雷「震死」[26]，這件事的真相極有可能係周族日益壯大，武乙向河渭地區採取軍事行動而死於意外。

周族在東進發展的過程中，到了文王時代，於全面控制渭水流域之後，繼續向東進入今山西、河南境內、並且滅了殷的諸侯大國崇與黎，伐崇見《詩·大雅·皇矣》[27]，「戡黎」則有

---

[24] 《詩·魯頌·閟宮》：古公亶父，時維太王，居岐之陽，實始翦商。

[25] 《竹書紀年》商王文丁十一年：「周公季歷伐翳徒之戎，獲其三大年來獻捷，王殺季歷」。按：「周公」係對季歷之稱號，並非武王之弟「周公旦」之「周公」。文丁四年並記載：「周公季歷伐余無之戎克之，命為牧師」，文丁殺季歷之原因，史無明文，可能類似後世「功高震主」之類。

[26] 《史記·殷本紀》：「帝武乙無道，為偶人，謂之天神，與之搏，令人為行，天神不勝，乃僇辱之。為革囊，盛血，取而射之，命曰『射天』。武乙獵於河渭之間，暴雷，武乙震死。」從文字的語意上看，武乙似乎因「懈瀆神明」而受到上天懲罰，實際上恐非如此。

[27] 崇的地望，《史記·周本紀》正義引皇甫謐云：「崇國蓋在豐、鎬之間，詩云：『既伐于崇，作邑于豐』，是國之地也」。顧頡剛、劉起釪《尚書西伯戡黎校釋校譯》一文認為「崇」就是後代的「嵩」，亦即現在河南登

《尚書・西伯戡黎》一篇記其事。「西伯戡黎」已經對殷的王畿構成直接的威脅了[28]，所以引起紂王大臣的恐慌。[29]

　　殷紂王對於來自西方周族的壓力不能不採取必要的軍事行動，在黎國尚未被周文王「戡定」之前，紂王曾在這一地區做過大規模軍事演習，目標當然是防範東進的周族。《左傳昭公四年》載：「商紂為黎之蒐，東夷叛之」東夷對商王朝反叛的時間以及紂對東夷採取軍事行動，都透露了不尋常的消息。這時周的勢力已是「三分天下有其二」[30]，殷周勢力的消長，至此已十分清楚了。

封附近的嵩山一帶地區，見《中國歷史文獻研究集刊》第一集，頁55。又例如楊寬《西周史》亦認為：「殷周之際的崇國應即在今嵩縣附近，見該書頁71。臺灣商務印書館，1999年4月初版。

28　黎的地望主要有三說：一、山西省黎城縣壺關；二、山西省長治市；三、河南省濬縣。顧頡剛、劉起釪前引文頁51，主在今山西省長治市南面壺關境內，可從。

29　《尚書・西伯戡黎》：「西伯既戡黎，祖伊恐，奔告於王曰：天子！天既訖我殷命，格人元龜，罔敢佑吉。非先王不相我后人，惟人淫戲用自絕，故天棄我……。」其恐慌之情，表露無遺。

30　《論語・泰伯篇》載孔子曰：「三分天下有其二，以服事殷，周之德可謂至德也已矣。」孔子稱「三分天下有其二」是歷史的實情；至於說「周之德可謂至德」則不免謬以千里了。

四、

《左傳》稱「殷紂爲黎之蒐，而東夷叛之」，「爲黎之蒐」證明紂王的確曾對黎採取了軍事行動，[31]「東夷叛之」是一句事實的陳述，還是與「爲黎之蒐」之間具有因果的關係？東夷叛紂是因爲「殷紂爲黎之蒐」嗎？這裡就牽涉到紂伐東夷的原因了。歷史的真相似乎不能僅從表面現象來看，殷紂爲何討伐東夷？當然是由於「東夷叛之」，東夷爲何叛紂？似多未做追究。

回顧當代學者對紂伐東夷原因的探究，就筆者注意所及，以往似僅有二篇論著較有深入的分析。一是 1936 年徐中舒先生發表的〈殷周之際史蹟之檢討〉一文，根據「爲黎之蒐，東夷叛之」分析殷周形勢及紂伐東夷的原因與結果云：

> 黎與東夷，一在西北，一在東南，壤地渺不相涉。商紂爲黎之蒐，何致引起東夷之叛？疑此時周人勢力必已遠及江漢以東，如陳、如吳，皆是。蓋商人治兵於黎即所以防周，故周人即嗾使東夷叛之，以爲牽掣之師。其後紂克東夷，周人即乘之以戡黎，卒以滅商。[32]

根據徐氏的分析，「東夷叛之」是出於周的「嗾使」，對紂王形成前後夾擊之勢。

---

[31] 《公羊傳桓公六年》：「大閱者何？簡車徒也」，注：「比年簡徒謂之蒐，三年簡車謂之大閱，五年大簡車徒謂之大蒐。」

[32] 見徐中舒，《殷周之際史蹟之檢討》，原刊《中央研究院歷史語言研究所集刊》第 7 本第 2 分，1936 年 12 月。收入《徐中舒歷史論文選輯》上冊，頁 652-691，北京中華書局印行，1998 年 9 月。

　　二是由李民先生主編《殷商社會生活史》一書指出,「征人
方戰爭比周人進攻威脅更為重要時,商王才會作此冒險」而做
出以下兩點推測:

　　第一點是周已征服商的西土及晉南,殷都安陽面臨危險,
商王朝已無力在中原與周人抗衡,想退往商丘一帶商的舊根據
地,而此時活動於淮水流域的東夷,也向這一帶發展,商王不
得不全力出擊退東夷,穩定豫東。

　　第二點是周人已控制晉南後,破壞了商王朝的銅材供應,
所以全力向東南發展,尋找銅礦資源。[33]

　　由於新史料的發現,使「帝辛征人方」或「紂伐東夷」問
題,又重新受到重視。2004 年,河南安陽焦智勤先生在調查民
間收藏的甲骨過程中,發現征人方卜辭一片,發表在《殷墟甲
骨拾遺續二》編號 054 的胛骨,[34] 2005 年李學勤據以討論,認
為是人方「伐東國」之事,因此明白了商朝征伐東國的理由「是
侵擾了商的東國,也便是東土」[35],不久,焦智勤先生又發現一
片征人方的卜辭,內容相同但較編號 054 更為完整,發表在 2006
年「商文明國際學術研討會」[36],焦文認為,人方一直處於商王
朝直接控制的勢力範圍之外,是商王國東部敵國,曾不斷對商
王國東土進行侵擾,所以商王對人方的征伐從未停止。卜辭「帝

[33] 李民,《殷商社會生活史》,頁 147,河南人民出版社,1993 年。

[34] 刊載在《殷都學刊》2004 年 3 月號,《安陽甲骨學會論文專輯》第四集。

[35] 李學勤,〈論新發現的一片征人方卜辭〉,《殷都學刊》2005 年第 1 期。

[36] 焦智勤前引文〈新發現的一片征人方卜辭〉。

辛十祀」征人方是由於「人方對商王國東土的侵擾，引起商王
帝辛的征伐，也是被動出擊，打擊帝國的入侵，來捍衛自己東
土邊鄙的安全與安寧。」[37]

五、

綜合以上的論述，回歸本文的主題，紂伐東夷的戰爭屬於
怎樣的性質？檢視有關殷商史的著作，各家大多輕鬆帶過，且
無一致意見。陳夢家先生認爲商王朝是東夷的宗主國，紂伐東
夷是以宗主國保護小邦。[38]有人認爲紂伐東夷的戰爭是爲了「開
疆拓土」[39]；有的認爲是「掠奪性的戰爭」[40]；或者掠奪性質與
開疆拓土二者兼而有之。[41]焦智勤先生認爲，殷商晚期，商王曾
征伐西土邊鄙反叛的方國盂方，「屬於平息內亂」，征伐人方的
戰爭性質是「抵禦外侮」

---

[37] 焦智勤前引文〈新發現的一片征人方卜辭〉，頁 4。

[38] 陳夢家《卜辭綜述》，頁 312。

[39] 例如彭邦炯《商史探微》云：「征夷方取得了勝利，阻止了東方夷人的內
侵，開拓了疆土；但仍然未能挽回頹局。」重慶出版社，1988 年，頁 165。

[40] 王明閣《先秦史》認爲殷末紂王對夷方和其他方國進行掠奪性戰爭，耗費
大量人力物力財力。黑龍江人民出版社，1982 年，頁 156。

[41] 金景芳《中國奴隸社會史》云：「到商代末期，帝乙征人方，往返一次歷
時幾乎長達一年。一次戰鬥，殺敵最多至二千六百五十六人，俘獲最多一
次，據卜辭記載，除了人員「千五百七十」外，還有☐百、☐兩、車二兩、
盾百八十三、函五十、矢☐等物資（續存下 915），著者認爲「可見這種
戰鬥有明顯的掠奪性質，並且極其野蠻與殘酷。當然在開疆拓土方面，在
客觀上也起了一定積極的作用。」上海人民出版社，1983 年，頁 92。

　　這「抵禦外侮」的說法，如以商王朝是東夷的宗主國的角度觀察，便不適當。相反的，征伐東夷才比較接近「平息內亂」。實際上，商代晚期，周邦逐漸強大，史稱文王「率殷之叛國以事殷」，一個新的方國聯盟興起，已嚴重威脅到商王朝的安全[42]，東夷在殷的後方公然成為殷的「叛國」，殷王為安定東鄙訴之於戰爭，乃是基於國防安全的考慮，不得不採取的行動，這應是屬於平定「內亂」的性質。

原刊《中國上古史研究專刊》第四期

---

[42] 參梁國真《商周時代的東夷》頁89，中國文化大學史學研究所博士論文，1994。

附：商族與東夷是怎樣的關係？

摘　要

　　文獻記載古代東夷分佈在淮河流域及東方沿海的廣大地區，族屬頗多，有「九夷」之說。近代考古資料，東夷古國如山東莒縣陵陽河大汶口文化，已有很高的成就，對於古代文明的探討諸如漢字起源問題，都有不可忽視的地位。

　　商族在上古時代，不但建立偉大的王朝，也創造了古代輝煌的文化，在夏商周三代之中，具有「承先啓後」的重要地位。但近代對於商族起源問題，卻至今沒有定論。

　　根據文獻史料，商族起源於西方，例如《史記‧六國年表》稱：「夫作事者必於東南，收功者實常於西北，故禹興於西羌，湯起於亳，周之文王，以豐鎬伐殷，秦之帝用雍州兵，漢之興自蜀漢」。司馬遷顯然認爲夏商周秦漢皆興起於西方。而漢魏隋唐學者大多認爲顯然「商」「亳」的地望在陝西，例如《書序》孔疏引鄭玄語：「契本封商，國在太華之陽」，《史記‧殷本紀正義》引《括地志》認爲商人起於華山之南，許慎《說文解字》謂「亳，京兆杜陵亭也」，唐司馬貞〈索隱〉也認爲「亳」在陝西長安的東南。《漢書‧地理志》謂偃師尸鄉溝爲「湯都西亳」，地在豫西，也算是西方了。

　　但是，近代學者自王國維《說商》、《說亳》諸文提出「商」即河南商丘，「亳」在今山東曹縣以後，商族起源於魯西豫東之

說不僅爲史學界所響應，亦爲考古界頗爲普遍的主張。例如李濟在一九三○年代即認爲山東龍山文化可能爲商族文化的淵源所在，佟柱臣先生則以山東地區的大汶口文化作爲探討商族的族源資料，胡厚宣先生則從甲骨文考證商族爲鳥圖騰，並認爲商族的始祖契即東方的少皞氏。

關於商族的起源，近數十年來已呈「眾說紛紜，莫衷一是」的現象，除了「西方說」與「東方說」之外，尚有「北方說」－包括「冀中南說」、「豫北說」、「渤海灣說」、「冀東北說」、「易水流域說」、「北京說」，其他尚有「東北說」、「晉南說」、「中原說」、「夏商周三族同源說」等十數種之多（參朱彥民〈商族起源研究綜述〉，刊於《漢學研究通訊》第 95 期，2005 年 8 月，臺北漢學中心印行）。

從以上商族起源的討論中，其起源於「東方」的主張仍然在諸說中佔有重要的地位，許多歷史著作也都採「商族起於東方」之說。我個人亦較爲傾向「東方說」，並且與「東夷」在族屬與文化上應有不尋常的關係，例如大汶口陶文與漢字似有更直接的淵源，從文字學看，夷與尸、衣、殷，實爲同字訛形，前人早有論證。但是商族與東夷在族源與文化上如有密切關係，則殷末紂王大規模討伐東夷的原因何在，似亦不易理解，凡此，商族與東夷的族屬與文化，究屬何種關係，希能以考古學與文獻結合，作出結論，將是商史研究與古代文明探討一大突破。

附：一本高中歷史教科書中的謬誤

自從高中歷史教科書開放「一綱多本」，臺灣出現了七個版本高中歷史教科書。教科書的編者大多是大學歷史系教授及高中歷史教師。有一個版本還曾請過國際知名的余英時院士作「總訂正」，可惜這個版本在「殷商部分」出現許多錯誤，例如：

發現偃師商城附近的尸鄉，寫成「屍鄉」，這位喜好編教科書、掛著國立大學招牌的「教授」，顯然誤認為「尸」是「屍」的簡體字，把它還原為「繁體字」。如果可以依據簡繁把「尸」寫成「屍」，那麼「行尸走肉」、「尸位素餐」也可以寫成「行屍走肉」「屍位素餐」嗎？請翻開《漢書地理志》看一下，「尸鄉」怎可寫成「屍鄉」？

把殷商甲骨文發展的淵源，上朔到西安半坡的陶文。而且還把「半坡陶文」放錯。學者尋找甲骨文的源頭，多尋不同的途徑；李孝定先生認為「二里頭陶文」中的「記數符號」與甲骨文相似；唐蘭先生認為大汶口文化的陶文，有直接相承的關係。西安半坡屬於新石器時代的仰韶文化，時間在西元前四千多年，把半坡的陶文與殷商時代的甲骨文肯定的扯上直接關係，知其一不知其二，失之武斷。

該書編者對於商王的田獵，認為是國王遊樂打獵的性質，恐是「望文生義」。根據甲骨學者的意見，「商代的田獵，從武丁時期來看，具有為農田除害，保護莊稼，促進農業生產和軍事演習的性質」（孟世凱：〈商代田獵初探〉，見胡厚宣主編：《甲骨文與殷商史》頁 220，上海古籍出版社，1983）

十、殷商史尚待解決的一些問題

——悼念胡厚宣先生

一、

　　甲骨學大師胡厚宣先生逝世，海內外學界同感悲悼。一年前承厚宣先生公子胡振宇先生來函，囑爲同年紀念論文集撰稿一篇，當即應命，擬將〈殷商史尚待解決的一些問題〉的拙見寫出，一者悼念厚宣先生；一者可時賢請教。不意年來，雜事輻湊，公私兩忙，使我不能如期交稿，拖延了紀念集的出版，深感愧疚與不安。再者，本文的題目，初擬時本想以正式的「學術論文」格式呈現，現在只能以「簡述」的方式，把自己主要的看法說出，不加附註，這是因爲在台灣地區，大陸出版品的禁忌雖已解除，但到圖書館查閱，須在上班時間，仍有許多不方便之處。當祈編者與讀者能夠諒解。

二、

　　我認識厚宣先生的大名，並拜讀他的大作，始於一九七〇年代。那時台灣大通書局出版了厚宣先生的著作《甲骨學商史論叢初集》及《續集》（全一冊）。我因爲在台灣師大歷史研究所修讀碩士學位，先師朱雲影先生指導我撰寫的碩士論文《從

傳說史料看中國遠古社會》，其中涉及殷商史的問題甚多，自一九七三年以後，又因擔任歷史系的必修課《中國上古史》，必須講述殷商時代；因此厚宣先生的大作四冊[1]就成了我研究與教學的重要參考著作。

　　在七十年代，海峽兩岸還是處於相互隔離的狀態，大陸的出版品在台灣地區十分敏感，都列為禁書，學術著作也不例外。台灣許多書局印行大陸上的著作，多把著者的名字加以改變，或把名字抹掉改成「本局編輯部編」等字樣。例如陳夢家先生的《卜辭綜述》及丁山先生的《甲骨文所見氏族及其制度》二書，台灣大通書局將之合訂成一冊出版，題曰：「陳丁合著」。但是《甲骨文商史論叢》各冊，則皆在封面上署明了「著者胡厚宣」的字樣，並沒有受到禁止或隱蔽，所以厚宣先生的大名，在台灣當時的研究生及文史界的學者，是早就久仰了的。

　　一九九一年九月，我從台灣赴河南洛陽市參加《中國夏商文化國際研討會》，第一次得睹厚宣先生的風采。這次國際學術研討會係由中國殷商文化學會主辦，到會學人包括中美英日等國學者百餘人，頗為熱烈。大會並安排參觀偃師二里頭、偃師商城等遺址，以及龍門石窟及偃師博物館。大會開幕時特請厚宣先生致詞，厚宣先生也參加大會討論，並陪同與會學者參觀，精神奕奕，始終如一，可惜時間緊湊，未能有所請益。

---

[1]　《初集》上下 2 冊；《續集》1 冊；後來大通書局又出版了《三集》一冊。

一九九二年冬及九四年初，厚宣先生由公子胡振宇先生陪同，兩度翩然訪台，其中一次訪問台灣師大，並在國文系（即中文系）作專題講演，筆者得到消息後即前往問侯並聆聽，得厚宣先生當場的讚獎，這些讚獎是前輩先生的愛護與勉勵，實不敢當。感到遺憾的是，厚宣先生雖兩次訪台，但行程匆忙，皆未能得到適當的機會向他請教有關殷商史和甲骨學的問題，當時心想將來可專程到北京請教，現在事實告訴我，這已是永遠不可能的事了。哲人日遠，思之悵然！

三、

自清末甲骨文發現以後，學者相繼投入研究，名家輩出，做出了許多重大的貢獻，甲骨學的研究及殷商考古的許多發現，使本世紀中國在學術上取得了偉大的成就，足以自豪。

雖然如此，在殷商史的園地裡，仍然有許多問題猶待解決，茲就淺見所及，不揣冒昧，略舉數項以就教於學者專家：

（一）殷商帝王譜系的考證問題：據《史記・殷本紀》載，殷商帝王自成湯至帝辛共經十七世三十王，成湯以前的先公先王，自帝嚳至主癸共十四世十四王。成湯建國以後的譜系，與甲骨文對照雖有許多謬誤，排列的系統表亦有三四種之多，但問題尚不大。湯前先公先王十四代十四王之中，自王國維先生〈殷卜辭中所見先公先王考〉及〈續考〉二文發表後，對於王亥、上甲以下諸王的考證，已成定論，于省吾先生認為「上甲六示」皆當列為中國的信史，應也沒有問題。但帝嚳、契至王

季、王亥之間諸王，自王國維先生以下，釋者雖多，似仍無定論，致使《殷本紀》所載殷代帝王譜系，尤其是「先公先王」部分，未能得到甲骨文充分的印證，如能加以解決，不僅是研究殷商史的一件大事，對於夏史與夏文化的探索，或亦有意想不到的收穫。

其次，商代王位繼承問題，與商王譜系的整理亦有密切關係。自王國維〈殷周制度論〉提出以後，有關殷代王位繼承的原則為何，討論頗為熱烈，雖然取得了很大的進展，但各家主張不同，如「兄終弟及說」、「父死子繼說」、「幼子繼承說」、「兩組輪流執政說」、「嫡長子繼承說」等諸說紛呈。商王繼承原則及商代的「宗法」問題，極有待進一步的解決。商王譜系的考訂，則是這一問題研究的基礎。

（二）商族起源問題：《詩經·商頌·玄鳥》稱：「天命玄鳥，降而生商」，以往學者多以商族以玄鳥為圖騰，而古代鳥生傳說的部落，分佈在東方沿海一帶，山東城子崖龍山文化中有無字的卜骨，被認為是殷人早期的遺留。所以判斷商族的起源在東方沿海一帶，而以山東半島為中心。

隨著早商及先商遺址的不斷在各地出土，有關商族起源問題，許多學者放棄了舊說，而提出各自新的主張。綜合新舊諸說，計有「陝西商縣說」、「河北說」、「東北說」、「晉南說」、「環渤海沿岸說」、「豫東魯西說」等等。古今各家，異說紛紜，莫衷一是，對於殷商早期歷史的解釋，產生了極大的困擾。在台灣的學者，黃競新教授在其博士論文《從卜辭經史中考殷商民

族源流》[2]中，傾向陝西商縣說，張光直教授對於豫東魯西地區仍不放棄希望，但二者都得不到考古新材料的支持。

商族的起源問題，與殷商歷史大框架的結構，有極為密切的關係，此一問題必須有所解決，殷商歷史才能「開講」，否則殷商歷史的開端，隨著各家的異說紛紜，呈現了模糊狀態。

（三）湯亳的地望問題：《史記‧殷本紀》載：「商族『自契至湯八遷。湯始居亳，從先王居』。亳都的地望」，《史記‧殷本紀‧集解》引皇甫謐云，《正義》引《括地志》都說在宋州穀熟縣南，即今河南丘縣境。近代學者對於亳都地望的考證，至少有四家重要的主張。早年王國維先生《說亳》一文，主張在山東西部曹縣；五〇年代董作賓先生在台灣發表〈卜辭中的亳與商〉[3]主張在安徽省之亳縣，最近四十多年來，台灣的歷史教科書一直採用了上述二說。一九五〇年鄭州商城發現後，鄒衡先生首先提了〈鄭州商城即湯都亳考〉[4]，是為「鄭亳說」。「鄭亳說」提出後，引發了許多爭論，安金槐先生即有鄭州商為中丁所遷之「隞都說」的不同主張，一九八三年偃師商城發現後，許多學者結合文獻記載，樹起了「偃師商城為湯都亳」的大旗，是為「偃師西亳說」。自八〇年代以來，「鄭亳說」與「西亳說」之間，發生了激烈而漫長的論戰，迄無結果，也有人試圖調合二說，似乎亦難取得共識。

---

[2]　台灣大學中文研究所，1982 年。

[3]　《大陸雜誌》第 6 卷第 1 期；1945 年出版之《殷曆譜》亦同。

[4]　《文物》1978 年第 2 期。

　　台灣已故考古界大老高去尋先生，對放亳都問題甚爲關切，曾撰《商湯都亳的探討》一文，認爲：

> 成湯最初所都的亳，是後世所謂南亳，湯滅夏以後，為了鎮撫新征服的夏土，才在偃師尸鄉修築了一個城池，被後世稱為西亳，這種情形與西周初年平定東方殷人後，在今日的洛陽建立了東都洛邑，為鎮撫在東方的一個前進指揮所的情形相同。[5]

　　湯亳地望的考證，一如商族起源問題，如果不能得到解決，則殷商史將不知要如何講起？雖然，此一問題欲得解決，將遭遇的困難可以預見，但是相關的研究與討論，總需繼續推展才是。

　　（四）殷都屢遷問題：張衡《兩京賦》云：「殷人屢遷，前八後五，居相圮耿，不常厥土」，殷人是一個「不常厥邑」的屢遷民族，這是殷商史上的一大特色。至於殷人屢遷其都的原因爲何？歷史學者有許多探討，主張各有不同。計有以下諸說：「出奢行儉說」、「游牧行國說」、「水患」、「游農說」等。其中傅築夫先生從經濟的原因提出「游農說」，筆者過去認爲是一個很好的解釋，曾加以採納。近年來，又有幾家新說提出，讀過之後，頗多啓發。例如黎虎先生的〈殷都屢遷原因試探〉[6]提出「政治鬥爭說」；楊升南先生〈殷人屢遷辨析〉一文，提出「軍事原因

5　《董作賓先生九五誕辰紀念集》，1988 年，董氏家屬自印。

6　《北京大學學報》1982 年第 4 期。

說」[7]；張光直先生在〈夏商周三代都制與三代文化異同〉一文，則提出「聖都與俗都說」，認爲殷人以聖都爲核心，以俗都爲圍繞核心運行的衛星[8]等。因使個人覺得對此一問題有重新加以檢討與認識的必要。

　　綜觀各家的說法，雖能言之成理，但也只是從不同角度提出各人對此一問題的推測而已，還沒有達到徹底解決的階段。而此一問題的解決，對放殷商史的研究，具有多方面的意義。例如：除了探討「屢遷」的原因外，如果能把前八後五的地望，確實地考證出來，則商族活動的範圍，就可以呈現出具體的輪廓，對放殷商史的其他問題的解決，或將發生「連鎖」的效應。總之，殷都屢遷問題，應可在已有的研究基礎上，繼續追究下去。

　　（五）殷代的氣候與農業問題：抗戰期間，厚宣先生撰有〈卜辭中所見之殷代農業〉、〈氣候變遷與殷代氣候之檢討〉諸文，收入《甲骨學商史論叢續集》[9]。這是殷商史研究極爲重要的論著。就殷代氣候而言，厚宣先生認爲「商代後期，即甲骨文時代，我國北方，黃河流域之氣候，必較今日爲熱」，但董作

---

[7]　《甲骨文與殷商史》第 2 輯。

[8]　《歷史語言研究所集刊》第 55 本 1 分，1984 年。

[9]　1945 年出版，台灣大通書局於 1973 年在台影印發行。

賓氏在《殷曆譜》卷九，認為殷代氣候與近逐漸變冷[10]。總之，這一問題仍有不同的意見。

厚宣先生收集卜辭 151 條，證明商代「無日不可降雨」，而之黃河流域安陽一帶，嚴冬降雪無降雨之事。同時，武丁時代有記載連雨十八天的卜辭，可證「安陽一帶雨量較今日為豐」。就農作物而言，殷代黍與稻都能一年兩熟，稻與黍並貞，是見為普通之農產品；就商代的動物而言，水牛普遍，兕與象在卜辭中時有記綠，而殷虛出土的哺乳亂動物群中，竹鼠、獐、水牛皆為南方熱帶產物，凡此種種，皆舉證堅強，足以服人，筆者在教學時多採納而加以介紹之。

然而，殷代氣候究竟有無變代或如何變化，對放古代文化的發展必然有密切的關係，應該配合近代的天文學或其他相關學科的專業知識，加以研究以獲得共識，必有助於殷商史的瞭解。

至於殷商的農業十分發達，是商代經濟的主要基礎，已是學界的共識，楊升南先生《商代經濟史》[11]；李民先生《殷商社會生活史》[12]諸大作皆多專章加以綜論。然而許多個別的問題仍有待進一步深入研究者，例如牛耕問題或有否使用其代畜力耕作問題，青銅農具問題，灌溉及施肥問題等皆是。這些問題如

---

[10]　《中國新石器時代文化斷代》，《中央研究院歷史語言研究所集刊》第 30 本。

[11]　貴州人民出版社，1992 年。

[12]　河南人民出版社，1993 年。

能獲得徹底解決，對於探討商代的社會發展階段，就可提拱判
斷的依據。

四、

　　以上所舉不過是犖犖大端，殷商史當待解決的問題當然不
止於此。例如曾經過熱烈討論的殷代社會性質問題；殷代的政
治制度與國家結構問題；青銅技術的由來問題，甲骨文釋字的
再突破及漢字起源的問題（由殷商文字為起點作追溯的研究）
等等，都值得繼續鑽研。就宏觀的角度而言，有關殷商史的兩
大問題，應該深入探討並作出結論。其一是殷商文化在中國古
代文化史上的地位和評價；另一是殷商覆亡的原因及其在中國
歷史發展過程中的意義。

　　就第一項而言，孔子說過：「殷因於夏禮，所損益可知也；
周因於殷禮，所損益可知也。」夏商周三代是中國古代歷史發
展的三個重要階段，而商代居於其中，顯然具有承先啟後的地
位，它的文化成就，在中國歷史乃至世界歷史上，應該如何客
觀公平地予以總結和評價，以目前出土地下史料之豐富，中外
學者所作專題研究累積成績之多，應是可以著手進行的工作；
就第二項而言，筆者曾撰有〈殷商覆亡原因試釋〉[13]一文作拋磚
引玉。關於商王朝之覆亡，自徐中舒先生以降，多主殷紂王對

13　台灣師大《歷史學報》第 10 期，1982 年，收在《中國上古史專題研究》，
　　臺北五南圖書出版公司，1996 年。

人方用兵，消耗國力太巨，遂予西方周人以可趁之機。筆者則認為自祖甲改革以發，引發了新舊兩派長期的內部鬥爭，至殷末越演越烈，乃不堪小邦一擊，導致「大邦殷」土崩瓦解。此一問題，還可以從不同角度作深入的分析，例如思想信仰的轉變、社會文化的變遷或崩解等，而提出更好的解釋。

我們經常說中國歷史五千年，而殷商的歷史連同先公先王的時代，前後延千餘年之久，占據了中國歷史五分之一之多，其重要性不言可喻。我們應該在前輩學者研究的基礎上，繼續研探殷商史當未解決的問題，以發揚學術，作出貢獻。

本文匆促成稿，謬誤疏漏在所不免，博雅君子，不吝指正。

《胡厚宣先生紀念文集》，科學出版社，1998。

附註：

有關「商族起源問題」的探討，本文發表九年之後，2007年朱彥民先生出版了《商族的起源遷徙與發展》一書，回顧了過去的研究共得八種說法：

一、西方說、二、東方說、三、北方說、四、東北說、五晉南說、六、中原說、七、夏商周三族同源說、八、江浙說。

朱書對「商族起源問題」可稱集大成之作，不過學界對於此一問題要取得共識，應還有討論的空間。

附：胡厚宣先生照片二幅

王仲孚　　胡厚宣　　胡振宇

（胡振宇先提提供）

胡振宇、黃盛璋、王仲孚、胡厚宣、鄒衡

1990 於洛陽（胡振宇先生提供）

附錄（一）甲骨文發現百年大事紀要

秦照芬[*]

	時間	西元	大事紀要
1	光緒 25 年	1899 年	王懿榮因病服藥，發現甲骨文，劉鶚（鐵雲）開始搜購收藏。
2	光緒 26 年	1900 年	王懿榮購得全甲一版，確認甲骨為殷商遺物。八國聯軍入京，王氏自殺。
3	光緒 27 年	1901 年	
4	光緒 28 年	1902 年	王懿榮之子將其父所藏甲骨片全部售予劉鐵雲。
5	光緒 29 年	1903 年	《鐵雲藏龜》六冊（劉鶚）1058 片（石印本），第一部著錄甲骨文之書。
6	光緒 30 年	1904 年	孫詒讓著《契文舉例》，孫詒讓是研究甲骨文字的第一個人，此書是甲骨學史上第一部研究著作，於 1907 年出版。
7	光緒 31 年	1905 年	孫詒讓著《名原》。
8	光緒 32 年	1906 年	查爾凡著《中國原始文字考》，歐美研究甲骨文第一人。
9	光緒 33 年	1907 年	孫詒讓著《契文舉例》一書出版。
10	光緒 34 年	1908 年	羅振玉訪知甲骨文的出土地點為安陽小屯之殷墟。
11	宣統元年	1909 年	日本人林泰輔著《清國河南湯陰縣發現之龜甲獸骨》一文，日本人研究甲骨文字之始。

---

[*] 台北市教育大學史地系主任。

	時間	西元	大事紀要
12	宣統 2 年	1910 年	羅振玉撰《殷商貞卜文字考》出版，羅氏在本書中辨明小屯村為「武乙之墟」。
13	宣統 3 年	1911 年	法國人沙畹發表〈中國古代之甲骨卜辭〉一文。
14	民國元年	1912 年	英國人金璋發表〈骨上所刻之哀文與家書譜〉一文。
15	民國 2 年	1913 年	《殷虛書契前編》（羅振玉）2229 片。
16	民國 3 年	1914 年	1.《殷虛書契菁華》（羅振玉）68 片。 2. 羅振玉撰《殷虛書契考釋》出版（石印本），考釋 485 字，確定甲骨文是武乙至帝辛之物。
17	民國 4 年	1915 年	1.《鐵雲藏龜之餘》（羅振玉）40 片。 2.王國維著〈殷虛卜辭所見地名考〉、〈三代地理小記〉、〈鬼方昆夷獫狁考〉。
18	民國 5 年	1916 年	1.《殷虛書契後編》（羅振玉）1104 片。 2.《殷虛古器物圖錄》（羅振玉）4 片。 3.王國維著〈殷禮徵文〉。
19	民國 6 年	1917 年	1.《殷虛卜辭》（明義士）1369 片，摹錄。 2.《戩壽堂所藏殷虛文字》（姬佛陀，實為王國維編）655 片。（有釋文） 3.王國維發表〈殷卜辭中所見先公先王考〉、〈續考〉、〈殷周制度論〉，甲骨學研究自文字時期進入史料時期。
20	民國 7 年	1918 年	林泰輔著〈殷虛遺物研究〉一文。
21	民國 8 年	1919 年	英國人金璋發表〈占卜之方法〉一文。
22	民國 9 年	1920 年	王襄著《簠室殷契類纂》一書，載可識字 873 個，同時出版《附編》、《存疑》、《待考》各一卷。
23	民國 10 年	1921 年	《龜甲獸骨文字》（林泰輔）1023 片。

	時間	西元	大事紀要
24	民國 11 年	1922 年	金璋發表〈殷墟甲骨上所載王室譜系及商代之記號〉一文。
25	民國 12 年	1923 年	1.商承祚著《殷虛文字類編》。 2.葉玉森著《殷契鉤沉》。
26	民國 13 年	1924 年	1.容庚著〈甲骨文之發現及其考釋〉。 2.葉玉森撰〈說契〉、〈研契枝譚〉。
27	民國 14 年	1925 年	1.《鐵雲藏龜拾遺》（葉玉森）240 片。 2.《簠室殷契徵文》（王襄）1125 片。 3.王襄著《簠室殷契徵文考釋》出版。 4.王國維撰〈古史新證〉、〈殷虛甲骨文字及書目〉、〈最近二三十年中中國新發現之學問〉三文。 5.陳邦懷著《殷虛書契考釋小箋》。 6.商承祚著《殷虛文字考》。
28	民國 15 年	1926 年	黃文猷編《甲骨類目》。
29	民國 16 年	1927 年	1.五月三日，王國維（觀堂）自沈於昆明湖。 2.王國維著《殷禮徵文》出版。 3.《殷虛古器物圖錄》（羅振玉）4 片。 4.羅振玉編《增訂殷虛書契考釋》出版，考釋571 個字。 5.商承祚撰《殷虛文字》。
30	民國 17 年	1928 年	1.《新獲卜辭寫本》（董作賓）381 片，摹錄。 2.十月，中研院在殷虛進行第一次科學考古發掘，獲甲骨774 片。（董作賓主持） 3.程憬撰〈殷民族的社會〉、〈商民族的民族社會〉，此二文是就甲骨文探討古代社會之始。 4.胡光煒著〈甲骨文例〉是學者論究甲骨文例之始。 5.《傳古別錄》第二集（羅福成）4 片。

	時間	西元	大事紀要
31	民國 18 年	1929 年	1.三月，中研院在殷虛進行第二次科學考古發掘，獲甲骨 680 片，其中有「大龜四版」。（李濟主持） 十月，中研院在殷虛進行第三次科學考古發掘，獲甲骨 2741 片。（李濟主持） 3.十月，《安陽發掘報告第一期》出版。
32	民國 19 年	1930 年	1.中研院在殷虛進行第三次科學考古發掘，年底獲甲骨 3656 片。 2.《安陽發掘報告第二期》出版。 3.郭沫若著《中國古代社會研究》出版。
33	民國 20 年	1931 年	1.三月，中研院在殷虛進行第四次科學考古發掘，獲甲骨 781 片，又在后岡得到一片（第一次在小屯以外地區發現甲骨文）。（李濟主持） 2.郭沫若著《甲骨文字研究》出版。 十一月，中研院在殷虛進行第五次科學考古發掘，獲甲骨 381 版。（董作賓主持） 4.董作賓發表〈大龜四版考釋〉一文，提出對甲骨文進行分期斷代的標準。（董作賓在甲骨文中發現文例及貞人） 5.《安陽發掘報告第三期》出版。
34	民國 21 年	1932 年	1.四月，中研院在殷虛進行第六次科學考古發掘，獲甲骨 1 片。（李濟主持） 2.十月，中研院在殷虛進行第七次科學考古發掘，獲甲骨 29 版。（李濟主持） 3.董作賓發表《甲骨文斷代研究例》提出甲骨文分期斷代的十個標準。 4.明義士著《商代之文化》出版。

	時間	西元	大事紀要
35	民國 22 年	1933 年	1.《卜辭通纂》(郭沫若) 929 片。(有釋文) 2.《殷契卜辭》(容庚、瞿潤緡) 874 片。 3.《殷契佚存》(商承祚) 1000 片。(有釋文) 4.《殷虛書契續編》(羅振玉) 2016 片 5.《福氏所藏甲骨文字》(商承祚) 37 片 6.中研院在殷虛進行第八次科學考古發掘,獲有字甲骨 258 版。(郭寶鈞主持) 7.《安陽發掘報告第四期》出版。 8.朱芳圃編《甲骨學文字編》出版。 9.明義士著《中國商代之卜骨》出版。
36	民國 23 年	1934 年	1.三月,中研院在殷虛進行第九次科學考古發掘,獲甲骨 442 版。四月在侯家莊獲有字甲骨 15 片,內有「大龜七版」。(董作賓主持) 2.十月,中研院在殷虛進行第十次科學考古發掘,發現侯家莊西北岡的「殷代王陵」。(梁思永主持) 3.孫海波著《甲骨文編》出版。 唐蘭作〈殷墟文字記〉。 5.葉玉森著《殷虛書契前編集釋》出版。
37	民國 24 年	1935 年	1.《柏根氏舊藏甲骨卜辭》(明義士) 74 片。 2.《庫方二氏藏甲骨卜辭》(方法斂) 6687 片,摹錄。 3.《鄴中片羽》一(黃濬) 245 片。 4.三月,中研院在殷虛進行第十一次科學考古發掘,清理侯家莊西北岡墓群。(梁思永主持) 九月,中研院在殷虛進行第十二次科學考古發掘,發掘古墓 785 座。(梁思永主持) 6.朱芳圃著《甲骨學商史編》出版。

	時間	西元	大事紀要
38	民國 25 年	1936 年	1.三月，中研院在殷虛進行第十三次科學考古發掘，發現 YH127 窖藏，獲甲骨 17096 片，完整龜甲二百多版，並發現甲骨上有朱墨書寫的文字。（郭寶鈞主持） 2.九月，中研院在殷虛進行第十四次科學考古發掘，得甲骨 2 版。（梁思永主持）
39	民國 26 年	1937 年	1.《殷契粹編》（郭沫若）1595 片。（有釋文） 2.《鄴中片羽》二（黃濬）93 片。 3.三月，中研院在殷虛進行第十五次科學考古發掘，得有字甲骨 599 片。（石璋如主持）
40	民國 27 年	1938 年	1.《甲骨卜辭七集》（方法斂）527 片。 2.《甲骨文錄》（孫海波）930 片。
41	民國 28 年	1939 年	1.《天壤閣甲骨文存》（唐蘭）108 片。 2.《金璋所藏甲骨卜辭》（方法斂）484 片，摹錄。 3.《殷契遺珠》（金祖同）1459 片。 4.《鐵雲藏龜零拾》（李旦丘）93 片。 5.《甲骨綴存》（曾毅公）75 片。
42	民國 29 年	1940 年	1.《誠齋殷虛文字》（孫海波）500 片。 2.《鄴中片羽》三（黃濬）215 片。 3.《雙劍誃古器物圖錄》（于省吾）4 片。 4.《河南安陽遺寶》（梅原末治）149 片。 5.羅振玉（雪堂）去世。 6.丁山著《新殷本紀》出版。
43	民國 30 年	1941 年	《殷契摭佚》（李旦丘）118 片。
44	民國 31 年	1942 年	郭沫若著〈殷周是奴隸社會考〉。
45	民國 32 年	1943 年	郭沫若著〈論古代社會〉。

	時間	西元	大事紀要
46	民國 33 年	1944 年	1.《廈門大學所藏甲骨文字》（胡厚宣）29 片。 2.郭沫若發表《古代研究的自我批判》。 3.胡厚宣著《甲骨學商史論叢》初集、二集出版。
47	民國 34 年	1945 年	1.董作賓著《殷曆譜》出版。 2.《甲骨六錄》（胡厚宣）659 片。
48	民國 35 年	1946 年	董作賓發表〈再談殷代氣候〉、〈殷商疑年〉、〈殷周年曆問題之商榷〉、〈殷代之曆法、農業與氣象〉四文。
49	民國 36 年	1947 年	董作賓發表〈甲骨年表〉、〈卜辭記事文字史官簽名例〉二文。
50	民國 37 年	1948 年	1.《殷虛文字甲編》（董作賓）3942 片。（有釋文） 2.《龜卜》（金祖同）125 片。
51	民國 38 年	1949 年	《殷虛文字乙編》上（董作賓）6272 片。
52	民國 39 年	1950 年	1.《甲骨綴合編》（曾毅公）396 片。 2.《殷契摭佚續編》（李旦丘）343 片。
53	民國 40 年	1951 年	1.《殷契拾掇》一（郭若愚）547 片。 2.《戰後南北所獲甲骨集》（胡厚宣）3276 片，摹錄。 3.《戰後寧滬新獲甲骨集》（胡厚宣）1143 片，摹錄。 4.陳夢家著《甲骨斷代學》出版。 5.胡厚宣發表〈五十年甲骨文發現的總結〉一文。
54	民國 41 年	1952 年	胡厚宣著《五十年甲骨學論著目》出版。
55	民國 42 年	1953 年	1.《殷契拾掇》二（郭若愚）510 片。 2.《殷虛文字乙編》下（董作賓）2833 片。
56	民國 43 年	1954 年	《戰後京津新獲甲骨集》（胡厚宣）5642 片。

	時間	西元	大事紀要
57	民國 44 年	1955 年	1.《甲骨續存》（胡厚宣）3753 片。 2.《殷虛文字綴合》（郭若愚）482 片。
58	民國 45 年	1956 年	1.《日本所見甲骨錄》（饒宗頤）57 片。 2.《巴黎所見甲骨錄》（饒宗頤）26 片。 3.《殷虛文字外編》（董作賓）464 片。 4.陳夢家著《殷墟卜辭綜述》出版。
59	民國 46 年	1957 年	《殷虛文字丙編》上（張秉權）349 片（有釋文）。
60	民國 47 年	1958 年	1.董作賓發表〈中國古史年代〉一文。 2.島邦男著《殷墟卜辭研究》出版。 3.李學勤發表〈帝乙時代的非王卜辭〉一文。
61	民國 48 年	1959 年	1.《甲骨文零拾》（陳邦懷）160 片。 2.《京都大學人文科學研究所藏甲骨文字》（貝塚茂樹）3246 片（有釋文）。 3.饒宗頤著《殷商貞卜人物通考》出版。
62	民國 49 年	1960 年	董作賓著《中國年曆總譜》。
63	民國 50 年	1961 年	1.董作賓發表〈續甲骨年表〉。 2.屈萬里著《殷墟文字甲編考釋》出版。
64	民國 51 年	1962 年	董作賓發表〈續甲骨年表〉（二）。
65	民國 52 年	1963 年	十月，董作賓著《平廬文存》上出版。 2.十一月二十三日，董作賓（彥堂）逝世。 3.張光直發表〈商王廟號新考〉一文。
66	民國 53 年	1964 年	胡厚宣發表〈甲骨文商族鳥圖騰的遺跡〉。
67	民國 54 年	1965 年	1.李孝定著《甲骨文字集釋》出版。 2.董作賓著《甲骨學六十年》出版。
68	民國 55 年	1966 年	許進雄發表《殷卜辭中五種祭祀的研究》。
69	民國 56 年	1967 年	金祥恆發表〈甲骨文出日入日說〉。
70	民國 57 年	1968 年	勞榦發表〈十干試釋〉。

	時間	西元	大事紀要
71	民國 58 年	1969 年	金祥恆發表〈卜辭與卜人解惑〉。
72	民國 59 年	1970 年	張秉權發表〈殷代的農業與氣象〉。
73	民國 60 年	1971 年	島邦男編《殷墟卜辭綜類》出版。
74	民國 61 年	1972 年	《殷虛文字丙編》下輯（二）（張秉權）出版。
75	民國 62 年	1973 年	小屯南地甲骨出土，共有 7150 片。
76	民國 63 年	1974 年	董作賓著《中國年曆簡譜》出版。
77	民國 64 年	1975 年	嚴一萍編《甲骨集成》出版。
78	民國 65 年	1976 年	蕭楠發表〈安陽小屯南地發現的「組卜甲」兼論「組卜辭」的時代及其相關問題〉一文。
79	民國 66 年	1977 年	陝西岐山鳳雛出土西周甲骨共 17275 片，有字甲骨 289 片。 2.李學勤發表〈論婦好墓的年代及有關問題〉，提出「歷組卜辭」問題。
80	民國 67 年	1978 年	1.《甲骨文合集》（1978-1982 年）出版，收入 41956 片（已準備出版釋文）。 郭沫若（鼎堂）去世。 3.嚴一萍著《甲骨學》出版。
81	民國 68 年	1979 年	于省吾撰《甲骨文字釋林》出版，共釋 300 多字。
82	民國 69 年	1980 年	1.《小屯南地甲骨》上冊出版，4511 片（有釋文）。 2.高明編《古文字類編》出版。
83	民國 70 年	1981 年	1.裘錫圭發表〈論歷組卜辭的時代〉。 2.唐蘭著《殷墟文字記》出版。
84	民國 71 年	1982 年	黃競新發表《從卜辭經史考殷商氏族源流》。

	時間	西元	大事紀要
85	民國 72 年	1983 年	《小屯南地甲骨》下冊出版。（全書共編 4589 號）
86	民國 73 年	1984 年	胡厚宣發表〈八十五年來甲骨文材料之再統計〉一文。
87	民國 74 年	1985 年	嚴一萍編《商周甲骨文總集》出版。 2.姚孝遂、蕭丁著《小屯南地甲骨考釋》出版。
88	民國 75 年	1986 年	胡厚宣編《甲骨文與殷商史》出版。
89	民國 76 年	1987 年	孟世凱編《甲骨學小詞典》出版。
90	民國 77 年	1988 年	姚孝遂、蕭丁編《殷虛甲骨刻辭摹釋總集》出版。 2.趙誠著《甲骨文簡明詞典》出版。
91	民國 78 年	1989 年	1.安陽（殷墟）舉辦「甲骨文發現 90 周年國際學術討論會」。 2.徐中舒編《甲骨文字典》出版。 3.姚孝遂、蕭丁編《殷虛甲骨刻辭類纂》出版。
92	民國 79 年	1990 年	《金祥恆先生全集》出版。
93	民國 80 年	1991 年	安陽發現殷墟花園莊商代甲骨窖藏。
94	民國 81 年	1992 年	國立成功大學舉辦「甲骨學與資訊科技學術研討會」。
95	民國 82 年	1993 年	方述鑫等編《甲骨金文字典》出版。
96	民國 83 年	1994 年	安陽舉辦「94 中國安陽甲骨文發現 95 周年國際學術紀念會」。
97	民國 84 年	1995 年	中國上古秦漢學會舉辦「傅斯年、董作賓先生百歲紀念學術演講會」。
98	民國 85 年	1996 年	于省吾編《甲骨文字詁林》出版。

	時間	西元	大事紀要
99	民國 86 年	1997 年	1.馬如森著《殷墟甲骨文引論》出版。 2.劉興編《新編甲骨文字典》出版。
100	民國 87 年	1998 年	國立師範大學國文系與中央研究院歷史語言研究所合辦「甲骨文發現一百周年學術研討會」。
101	民國 88 年	1999 年	安陽舉辦「紀念甲骨文發現 100 周年國際學術研討會」。

附錄（二）最近二十年臺灣地區有關殷商史的博碩士論文

趙廣傑輯[*]

論文題目	著者	指導教授	學校系所	出版年份
甲文所見殷人崇祖意識型態之研究	金經一	許錟輝	中國文化大學中國文學研究所博士論文	1990
周易吉凶思想的研究	尹任圭	羅光	輔仁大學哲學研究所碩士論文	1990
中國傳統天文的興起及其歷史功能	張嘉鳳	黃一農	國立清華大學歷史研究所碩士論文	1991
甲骨文中所見之天神資料研究	黃淑雲	黃競新	國立成功大學歷史語言研究所碩士論文	1992
殷商玉器造型與紋飾演變之研究	呂淑芬	劉良佑	文化大學藝術研究所碩士論文	1993
商周時代的東夷與淮夷	梁國真	王仲孚	文化大學史學研究所博士論文	1994
從宗法禮制看殷周變革	秦照芬	王仲孚	文化大學史學研究所博士論文	1994
西周金文所見東夷探究	陳高志	周鳳五	國立台灣大學中國文學研究所碩士論文	1994
殷代卜辭中所見田獵方法考	沈銀河	黃競新	國立成功大學歷史語言研究所碩士論文	1994
商代晚期殷墟地區青	黃信凱	黃士強	國立台灣大學（考古）人	1994

---

[*] 中國文化大學史學系博士生。

銅戈研究			類學系碩士論文	
卜辭所見殷商家族制度研究	彭妮絲	許錟輝	輔仁大學中國文學研究所碩士論文	1994
中國古代風神崇拜研究 -從先殷到漢	魏慈德	簡宗梧 蔡哲茂	國立政治大學中國文學研究所碩士論文	1995
周原甲骨研究	柳東春	周鳳五	國立臺灣大學中國文學研究所博士論文	1996
我國古代檔案制度考述(商周時期)	陳忠誠	盧荷生	輔仁大學圖書資訊學系碩士論文	1997
殷墟第三、四期甲骨斷代研究	吳俊德	許進雄	國立台灣大學中國文學研究所碩士論文	1998
商周宗教與藝術所反映的社會政治心態之研究	鄭愛蘭	杜正勝	國立台灣大學歷史學研究所博士論文	1999
試論西周初年殷遺民問題	黃仁甫	王仲孚	國立中興大學歷史學系碩士論文	1999
殷商政治制度考	陳振明	黃競新	國立彰化師範大學國文所碩士論文	1999
殷墟 YH127 坑甲骨卜辭研究	魏慈德	簡宗梧 蔡哲茂	國立政治大學中國文學研究所博士論文	2001
殷墟卜辭斷代之字形標準研究	楊郁彥	季旭昇	輔仁大學中文所碩士論文	2001
論商代的王權及其發展	石蘭梅	王仲孚	國立師範大學歷史所博士論文	2002
殷周金文形聲字研究	宋鵬飛	沈寶春	國立成功大學中國文學研究所碩士論文	2002
王國維商周青銅器研究	劉瓊雯	蔡崇名	國立高雄師範大學國文學系碩士論文	2002

殷墟第四期祭祀卜辭研究	吳俊德	許進雄	國立台灣大學中國文學研究所博士論文	2003
帝辛行狀考述	胡伯欣	黃競新	彰化師範大學國文學系碩士論文	2003
商代出土銅器銘文研究	李珮瑜	許進雄 左松超	淡江大學中國文學所碩士論文	2003
殷卜辭祭品研究	潘佳賢	邱德修	國立臺灣師範大學國文系在職進修碩士學位班碩士論文	2003
從統計學觀點探討祖庚、祖甲卜辭的斷代	黃慧中	許進雄 雷立芬	臺灣大學中國文學研究所碩士論文	2004
甲骨文氣象卜辭研究	陳柏全	蔡哲茂	國立政治大學中國文學研究所碩士論文	2004
商代甲骨田獵刻辭研究	張惟捷	蔡哲茂	輔仁大學中文所碩士論文	2004
殷周青銅禮壺研究	霍立珍	蔡崇名	國立高雄師範大學國文教學碩士班碩士論文	2004
先秦時代「五色」的色彩文字及其意義研究------以甲骨文、《詩經》為例	范品蓁	曾啟雄	東海大學美術學系碩士論文	2004
殷商至春秋時期金文人物名號研究	林聖傑	許錟輝	東吳大學中國文學所博士論文	2005
商周南土政治地理結構研究	陳珈貝	孫鐵剛	國立政治大學歷史研究所碩士論文	2005
殷商降雨卜辭初探	方　明	孫鐵剛	國立政治大學歷史研究所碩士論文	2005
中國傳統家族長子角色之探討—以先秦時	鍾毓慈	潘榮吉	輔仁大學兒童與家庭學系碩士論文	2005

期家人關係為例				
青銅壺之形制風格發展與禮制角色之演變--從商代至春秋時期	林姿慧	黃翠梅	臺南藝術學院藝術史與藝術評論研究所碩士論文	2005
商周青銅方鼎研究	張寶云	陳祥水臧振華	國立清華大學人類學研究所碩士論文	2005
殷商軍事組織研究	黃聖松	周鳳五劉文強	國立中山大學中文研究所博士論文	2006
殷周金文文例研究	李世淵	蔡哲茂	國立政治大學中國文學研究所碩士論文	2006
殷墟花園莊東地甲骨字形研究	張榮焜	李旭昇	國立臺灣師範大學國文學系在職進修碩士班碩士論文	2006
商周青銅罍研究	陳政一	陳光政	國立高雄師範大學回流中文碩士論文	2006
商周交會在齊國：戰國齊文化的淵源與發展	陳正凡	陳啟雲	國立清華大學歷史研究所博士論文	2007
小屯南地甲骨句法斷代研究	姚志豪	朱歧祥	逢甲大學中國文學所博士論文	2007
商代農業卜辭研究	陳逸文	蔡哲茂	國立政治大學中文研究所碩士論文	2007
甲骨文武丁時期王卜辭與非王卜辭之祭祀研究	張宇衛	沈寶春	國立成功大學中國文學系碩士論文	2007
《近出殷周金文集錄》所收鐘器銘文研究	林嘉鈴	汪中文	國立臺南大學國語文學系碩士論文	2007
馬承源《商周青銅器銘文選》第三卷《商、西周青銅器銘文釋文及	賴秋桂	朱歧祥	東海大學中國文學系碩士論文	2007

注釋》研究				
商周青銅器動物紋飾與神話研究	王百榮	吳哲夫	淡江大學中國文學系碩士在職專班碩士論文	2007
商代器物裝飾紋樣研究——以獸面紋樣中的臣目紋為例	陳啟正	胡志佳	逢甲大學歷史與文物管理所碩士論文	2008
甲骨卜辭與《周易》經傳吉凶觀念思想研究	陳芝豪	呂　凱	國立政治大學中國文學研究所碩士論文	2008
商周金文中族氏徽號的因襲與變化研究	錢唯真	朱歧祥	東海大學中國文學系碩士論文	2008
殷墟花東 H3 甲骨刻辭所見人物研究	古育安	蔡哲茂	輔仁大學中文系碩士論文	2009
殷墟卜辭中的酒祭研究	張琬渝	許進雄	世新大學中國文學研究所碩士論文	2009
武丁早期方國研究	楊于萱	朱歧祥	東海大學中國文學系碩士論文	2009
商周青銅簋研究	洪昭蓉	周虎林	國立高雄師範大學國文學系碩士論文	2009
盤龍城:從出土青銅器論二里崗期至殷墟一期長江流域青銅文化之發展與演變	范子嵐	黃翠梅李永迪	國立臺南藝術大學藝術史與藝術評論研究所碩士論文	2009
論殷商時期的鬼方與吉方	趙廣傑	王仲孚	中國文化大學史學研究所碩士論文	2010
《殷虛文字乙編》背甲刻辭內容研究	黃庭頎	蔡哲茂	國立政治大學中國文學研究所碩士論文	2010
殷卜辭中牢字及其相關研究	陳冠勳	許進雄	臺北市立教育大學中國語文學系碩士論文	2010

殷墟卜辭所見之自然神信仰研究	陳儒茵	陳廖安	國立師範大學國文所碩士論文	2010
商周青銅禮器龍紋形式與分期研究	陳麗年	黃靜吟	國立中正大學中國文學所碩士論文	2010
李孝定《甲骨文字集釋》研究	白明玉	朱歧祥	東海大學中國文學系碩士論文	2010
殷墟 YH127 坑賓組刻辭整理與研究	張惟捷	蔡哲茂	輔仁大學中文系博士論文	2011
出組卜王卜辭的整理與研究	蔡依靜	蔡哲茂	國立政治大學中國文學研究所碩士論文	2011
商代晚期青銅器「鳳紋」意象初論	吳思函	陳器文	國立中興大學中國文學所碩士論文	2011
甲骨卜辭中商代農業與戰爭關係研究	陳相華	陳廖安	國立師範大學國文所碩士論文	2011
殷商人祭卜辭研究	呂映靜	陳廖安	國立師範大學國文所碩士論文	2011
殷墟第三期祭祀卜辭研究	羅珮珊	許進雄	世新大學中國文學研究所碩士論文	2011
屈萬里先生甲骨文字研究 ── 以《殷虛文字甲編考釋》為例	鐘曉婷	朱歧祥	東海大學中國文學系碩士論文	2011
金祥恆先生甲骨文字研究 ── 以《續甲骨文編》為例	黃慧芬	朱歧祥	東海大學中國文學系碩士論文	2011
甲骨文形構所見殷商文化之研究	林郁屏	周虎林	國立高雄師範大學國文所博士論文	2012
殷商至秦代出土文獻中的紀日時稱研究	彭慧賢	沈寶春	國立成功大學歷史語言研究所博士論文	2012

張秉權之甲骨學研究	賴昭吟	朱歧祥	國立彰化師範大學國文學系博士論文	2012
殷人宗教觀——以巫術、諸神及祭祀為例	張家維	黃靜吟	國立中正大學中國文學系暨研究所碩士論文	2012
記事、人稱與女性作器：西周時期殷人家族器銘研究	蔡佩玲	閻鴻中	國立台灣大學歷史學研究所碩士論文	2012
商周青銅食器及其銘文研究	張　莅	陳昭容	國立清華大學中國文學系碩士論文	2012
甲骨卜辭戰爭刻辭研究——以賓組、出組、歷組為例	張宇衛	徐富昌	臺灣大學中國文學研究所博士論文	2013
胡厚宣先生甲骨學研究 ——以《甲骨學商史論叢》為例	左家綸	朱歧祥	東海大學中國文學系碩士論文	2013
殷卜辭所見樂器考	彭文欣	邱德修	靜宜大學中國文學系碩士論文	2013
殷周青銅簠器研究	黃鈺雯	黃靜吟	國立中正大學中國文學系暨研究所碩士論文	2013

國家圖書館出版品預行編目資料

殷商史簡論 / 王仲孚 著
  -- 民國 103 年 12 月 初版. -- 臺北市：蘭臺出版社 -
  ISBN：978-986-6231-86-5

1. 商史

621.4   103013677

中國上古史研究 4

《殷商史簡論》

著　　者：王仲孚
執行主編：高雅婷
執行美編：古佳雯
封面設計：王仲孚、謝杰融
出 版 者：蘭臺出版社
發　　行：蘭臺出版社
地　　址：台北市中正區重慶南路 1 段 121 號 8 樓之 14
電　　話：(02)2331-1675 或(02)2331-1691
傳　　真：(02)2382-6225
E—MAIL：books5w@ gmail.com 或 books5w@yahoo.com.tw
網路書店：http:// http://bookstv.com.tw、http://store.pchome.com.tw/yesbooks/
　　　　　博客來網路書店 http://www.books.com.tw、華文網路書店、三民書局
經　　銷：翰蘆圖書出版有限公司
地　　址：台北市中正區重慶南路 1 段 121 號 5 樓之 11 室
劃撥戶名：蘭臺出版社　帳號：18995335
香港代理：香港聯合零售有限公司
地　　址：香港新界大蒲汀麗路 36 號中華商務印刷大樓
C&C Building, 36,Ting, Lai, Road, Tai,Po, New,Territories
電　　話：(852)2150-2100　　傳　真：(852)2356-0735
總 經 銷：廈門外圖集團有限公司
地　　址：廈門市湖裡區悅華路 8 號 4 樓
電　　話：(592)-2230177　　傳　真：(892) 5365089
出版日期：中華民國 103 年 12 月 初版
定　　價：新臺幣 380 元整

ISBN　978-986-6231-86-5